Inhaltsverzeichnis

Einleitung

Einleitung

Allein das Wort Schokolade umgibt ein Zauber, der einem das Wasser im Munde zusammenlaufen lässt. Die Erfolgsgeschichte der Kakaobohne reicht sehr weit zurück. In Zentralamerika kultivierten die Maya den Kakaobaum, *Theobroma Cacao*, schon im 7. Jahrhundert nach Christus. Dabei verwendete das Volk der Maya, die regen Handel trieben, die Kakaobohne als Währung.

Christoph Kolumbus brachte die Kakaobohne dann im Jahre 1502 nach Spanien. Hernán Cortés, der Mexiko für die spanische Krone eingenommen hatte, erfuhr bald, was man mit dieser seltsamen Bohne alles machen konnte. Der aztekische Herrscher Montezuma bot ihm *Xocoatl* an, ein Getränk aus gerösteten und gemahlenen Kakaobohnen, die in Wasser eingerührt wurden. Dieses Gebräu wurde dann bald mit Vanille,

Entwurf und Realisation: Ivy Contract
Fotos: Charlie Paul

Chartist House
15–17 Trim Street
Bath BA1 1HA, UK
www.parragon.com

Realisation der deutschen Ausgabe: trans texas publishing, Köln
Übersetzung: Melanie Schirdewahn, Köln u. a.
Korrektorat: Sebnem Yavuz, Erpel
Satz: Greiner & Reichel, Köln

ISBN 978-1-4748-0316-8

Printed in China

Hinweis

Sofern die Schale von Zitrusfrüchten benötigt wird, verwenden Sie unbedingt unbehandelte Früchte. Sind Zutatenmengen in Löffeln angegeben, ist immer ein gestrichener Löffel gemeint: Ein Teelöffel entspricht 5 ml, ein Esslöffel 15 ml.

Es sollte stets frisch gemahlener schwarzer Pfeffer verwendet werden. Einige Rezepte enthalten Nüsse. Allergiker sollten bei Rezepten, in denen Nüsse verarbeitet werden, die Nüsse weglassen.

Bei Eiern und einzelnen Gemüsesorten, z. B. Kartoffeln, verwenden Sie mittelgroße Exemplare. Kleinkinder, ältere Menschen, Schwangere, Rekonvaleszenten und gesundheitlich beeinträchtigte Personen sollten Rezepte mit rohen oder nur leicht gegarten Eiern meiden.

Die angegebenen Gar- und Zubereitungszeiten können von den tatsächlichen leicht abweichen, da je nach Zubereitungsart und Herdtyp Schwankungen auftreten.

Schokola

Schoko-Träume, die glücklich mach

Parragon

Bath • New York • Singapore • Hong Kong • Cologne • Delhi
Melbourne • Amsterdam • Johannesburg • Shenzhen

Gewürzen, Honig und Zucker verfeinert, sodass der bittere Geschmack von den süßen Aromen überlagert wurde.

Ende des 17. Jahrhunderts war ganz Europa der „heißen Schokolade" verfallen. Im 19. Jahrhundert entwickelte dann der Holländer Coenraad Van Houten eine hydraulische Presse, mit deren Hilfe er den Kakaobutteranteil in der Schokolade senken konnte. Die entstandene Masse ließ sich dann leicht zu Pulver zermahlen. Die übrig gebliebene Kakaobutter mischte er mit Kakaomasse und Zucker und goss sie in Formen. Dies kam unserer heutigen Schokolade schon sehr nahe. Innerhalb kürzester Zeit bildete sich eine Schokoladenindustrie, und in den verschiedensten Ländern wurden zartschmelzende Schokoladentafeln produziert.

Heute sind unserer Fantasie beim Kochen und Backen mit Schokolade keine Grenzen mehr gesetzt. Sie verleiht jedem Rezept das gewisse Etwas. So bietet dieses Buch eine Vielzahl von Rezepten für jeden Schokoladenliebhaber. Tauchen Sie ein, und genießen Sie die Welt der Schokolade!

Besondere Desserts

Pekannuss-Schoko-Kuchen

Besondere Desserts

Zutaten für 6–8 Personen

Teig
- 1 Portion Mürbeteig
- Mehl, für die Arbeitsfläche
- Butter, zum Einfetten

Füllung
- 50 g Butter
- 3 EL Kakaopulver
- 250 ml Zuckerrübensirup
- 3 Eier
- 70 g Rohrohrzucker
- 175 g geschälte Pekannüsse, gehackt

Zum Servieren
- Zimt, zum Bestäuben
- steif geschlagene Sahne

So geht's

Den Teig auf einer leicht bemehlten Arbeitsfläche ausrollen und eine eingefettete Obstkuchenform (20 cm Ø) damit auskleiden.

Den Backofen auf 190 °C vorheizen. Für die Füllung die Butter in einem kleinen Topf zerlassen. Das Kakaopulver hineinsieben und den Zuckersirup einrühren.

Eier und Zucker in einer Schüssel schaumig schlagen. Sirupmischung und Paranüsse unterrühren. Die Mischung in die Teigform gießen.

Den Kuchen 35–40 Minuten backen, bis die Füllung gerade anfängt fest zu werden. Leicht abkühlen lassen, mit Zimt bestäuben und dann warm mit Schlagsahne servieren.

Edle Schokoladentorte

Besondere Desserts

Zutaten für 6 Personen

Teig

- 50 g kalte Butter, gewürfelt, plus etwas mehr zum Einfetten
- 150 g Mehl, plus etwas mehr für die Arbeitsfläche
- 2 TL Kakaopulver, plus etwas mehr für die Arbeitsfläche
- 2 TL Puderzucker
- 1 Prise Salz
- 1 Eigelb
- kaltes Wasser

Ganachecreme

- 200 g Bitterschokolade
- 25 g weiche Butter
- 250 g Schlagsahne
- 1 TL Rum (nach Belieben)
- dunkle und helle Schokoladenspäne, zum Dekorieren

So geht's

Eine Springform (24 cm Ø) einfetten. Mehl, Kakaopulver, Zucker und Salz in eine Schüssel sieben, Butter zufügen und mit den Händen vermengen. So viel Wasser zugeben, dass ein geschmeidiger Teig entsteht. Den Teig auf einer bemehlten und mit Kakaopulver bestreuten Fläche zu einem 30 cm großen Kreis ausrollen und die Springform damit auslegen.

Den Teig am Rand gut festdrücken und überstehende Ränder abtrennen. Den Teig mit Backpapier bedecken und mit Backbohnen beschweren. 30 Minuten im Kühlschrank kaltstellen. Den Backofen auf 190 °C vorheizen.

Den gekühlten Teigboden 15 Minuten im vorgeheizten Ofen blindbacken. Dann Backpapier und Bohnen entfernen und den Boden weitere 5 Minuten backen.

Für die Ganachecreme die Schokolade hacken und mit der weichen Butter in eine Schüssel geben. Die Schlagsahne aufkochen und die Schokoladenmasse unter Rühren zugeben und vollständig schmelzen. Nach Belieben Rum zufügen. Die Creme auf dem Teigboden verteilen und 3 Stunden kalt stellen. Mit Schokoladenspänen dekorieren und servieren.

Schokoladen-Baiser-Dessert

Besondere Desserts

Zutaten für 4 Personen

- 50 g Bitterschokolade, in kleine Stücke gebrochen
- 450 ml fertige Trinkschokolade oder Milch, vermischt mit Schokoladen-Getränkepulver
- 100 g frische Semmelbrösel
- 125 g Zucker
- 2 Eier, getrennt
- 4 EL Kirschkonfitüre

So geht's

Den Backofen auf 180 °C vorheizen. Die Bitterschokolade mit der Trinkschokolade in einen Topf geben und bei schwacher Hitze auflösen. Fast zum Kochen bringen und vom Herd nehmen.

Die Semmelbrösel mit 25 g Zucker in eine Schüssel geben, die Schokoladenmischung zugießen und verrühren. Das Eigelb zugeben und unterrühren.

Den Teig in eine Auflaufform (1 l) geben und 25–30 Minuten im Ofen backen, bis der Kuchen gar ist und beim Andrücken leicht nachgibt.

Das Eiweiß in einer Schüssel steif schlagen, dann unter ständigem Rühren den restlichen Zucker zugeben, bis der Eischnee sehr steif und glänzend ist.

Die Kirschkonfitüre auf den Kuchen streichen und den süßen Eischnee darüberspritzen oder -löffeln. Für weitere 15 Minuten in den Backofen schieben, bis die Baiserschicht knusprig und leicht gebräunt ist.

Profiteroles

Besondere Desserts

Zutaten für 4 Personen

- Brandteig
- 70 g Butter, plus etwas mehr zum Einfetten
- 200 ml Wasser
- 100 g Mehl
- 3 Eier, verquirlt

Sahnefüllung

- 300 g Schlagsahne
- 3 EL feiner Zucker
- 5 Tropfen Vanillearoma

Schokoladensauce

- 125 g Bitterschokolade (mind. 50% Kakaoanteil), in kleine Stücke gebrochen
- 30 g Butter
- 6 EL Wasser
- 2 EL Weinbrand

So geht's

Den Backofen auf 200 °C vorheizen und ein Backblech mit etwas Butter einfetten.

Für den Teig das Wasser mit der Butter in einem Topf aufkochen. Währenddessen das Mehl in eine Schüssel sieben. Den Topf vom Herd nehmen und das Mehl auf einmal ins kochende Wasser geben und einrühren. Den Topf wieder auf den Herd stellen und weiterrühren, bis die Mischung einen Kloß bildet, der sich vom Topfrand löst. Kurz abkühlen lassen und so viel von den Eiern einrühren, bis die Mischung eine sehr weiche Konsistenz erhält.

In eine Spritztüte mit 1,5-cm-Lochtülle füllen und kleine Bällchen auf das Blech spritzen. 25 Minuten backen. Aus dem Ofen nehmen und die Bällchen mit einem Spieß einstechen, um den Dampf entweichen zu lassen.

Für die Füllung die Schlagsahne zusammen mit Zucker und Vanillearoma steif schlagen. Die Teigbällchen in der Mitte einschneiden und mit der Sahnemasse füllen.

Für die Sauce die Schokolade mit Butter und Wasser im Wasserbad schmelzen. Den Weinbrand einrühren. Die Profiteroles auf Teller verteilen oder auf einem großen Servierteller zu einer Pyramide aufschichten. Mit der Sauce beträufeln und warm servieren.

Schokotörtchen

Besondere Desserts

Zutaten für 6 Personen

- 125 g weiche Butter, plus etwas mehr zum Einfetten
- 150 g Rohrohrzucker
- 3 Eier, verquirlt
- 1 Prise Salz
- 25 g Kakaopulver
- 125 g Mehl
- 1¼ TL Backpulver
- 25 g Bitterschokolade, fein gehackt
- 75 g weiße Schokolade, fein gehackt

Sauce

- 150 g Schlagsahne
- 75 g Rohrohrzucker
- 25 g Butter

So geht's

Den Backofen auf 180 °C vorheizen. 6 kleine Backformen (à 175 ml) leicht einfetten. Butter und Zucker in eine Schüssel geben und schaumig schlagen. Die Eier zufügen und unterrühren. Salz, Kakaopulver, Mehl und Backpulver in die Mischung sieben und gründlich vermengen. Dann die gehackte Schokolade einrühren.

Die Förmchen mit dem Teig zu drei Vierteln füllen und mit zugeschnittenem Backpapier abdecken. Mit doppelt gefalteter Alufolie gut abdecken und diese mit einer Kordel um den Rand der Form fixieren. Die Förmchen in einen flachen Bräter stellen und diesen mit so viel Wasser füllen, dass die Formen bis zur Hälfte darin stehen. In den Backofen schieben und etwa 50 Minuten backen. (Ein in die Törtchen gestochener Holzspieß sollte teigfrei bleiben.)

In der Zwischenzeit für die Sauce Sahne, Zucker und Butter bei geringer Hitze in einem Topf zum Kochen bringen. So lange leicht köcheln lassen, bis der Zucker aufgelöst ist.

Die Förmchen aus dem Bräter nehmen und Backpapier sowie Alufolie entfernen. Die Törtchen mit einem Messer vom Rand lösen und auf Teller stürzen. Mit etwas Sauce begießen und sofort servieren.

Schokoladen-Fondue

Besondere Desserts

Zutaten für 6 Personen

- 1 Ananas
- 1 Mango
- 12 Physalis
- 250 g frische Erdbeeren
- 250 g kernlose grüne Weintrauben

Fondue

- 250 g Bitterschokolade, in Stücke gebrochen
- 150 g Schlagsahne
- 2 EL Weinbrand

So geht's

Die Ananas mit einem scharfen Messer schälen, Strunk abschneiden, die holzige Mitte herausschneiden, dann würfeln. Die Mango schälen, entsteinen und würfeln. Die Hüllblätter der Physalis ganz zurückziehen und zu einem „Griff" verdrehen. Die Früchte auf 6 Desserttellern anrichten und kalt stellen.

Schokolade und Sahne für das Fondue in einen Fondue-Topf geben. Unter ständigem Rühren sanft erhitzen, bis die Schokolade geschmolzen ist. Mit dem Weinbrand glatt rühren.

Den Fondue-Topf auf einem Rechaud warm stellen. Am Tisch taucht nun jeder Gast sein Obst mit Fondue-Gabeln oder langen Holzspießen in die Schokolade.

Schoko-Karamell-Kuchen

Besondere Desserts

Zutaten für 6–8 Personen

- 350 g Mürbeteig (Fertigprodukt aus dem Kühlregal)
- Mehl, zum Bestäuben
- etwas Butter, zum Einfetten
- Puderzucker, zum Bestäuben

Füllung

- 140 g Bitterschokolade, fein gehackt
- 175 g Butter, gewürfelt
- 350 g Rohrohrzucker
- 100 g Mehl
- 2–3 Tropfen Vanillearoma
- 6 Eier, verquirlt

Zum Servieren

- 150 g Schlagsahne
- Zimt, zum Bestäuben

So geht's

Den Backofen auf 200 °C vorheizen. Den Teig auf einer leicht bemehlten Arbeitsfläche ausrollen und eine eingefettete Obstkuchenform (20 cm Ø) damit auskleiden. Den Teigboden mehrfach mit einer Gabel einstechen, dann mit Backpapier und Backbohnen bedecken. 12–15 Minuten blindbacken. Anschließend Papier und Bohnen entfernen und weitere 10 Minuten backen. Abkühlen lassen und die Backofentemperatur auf 180 °C reduzieren.

Für die Füllung Schokolade und Butter in einer hitzebeständigen Schüssel auf einen Topf mit leicht köchelndem Wasser stellen, bis die Schokolade geschmolzen ist. Glatt rühren und abkühlen lassen. Zucker, Mehl, Vanillearoma und Eier in einer separaten Schüssel verrühren. Die Schokoladenmischung unterrühren.

Die Füllung in die Teigform geben und den Kuchen 50 Minuten backen. Gut auskühlen lassen, dann mit Puderzucker bestäuben. Mit Zimt bestäubte Schlagsahne dazu reichen.

Schokoladen-Zabaglione

Besondere Desserts

Zutaten für 4 Personen

- 4 Eigelb
- 50 g feiner Zucker
- 50 g Bitterschokolade, in kleine Stücke gebrochen
- 125 ml Marsala
- Kakaopulver, zum Bestäuben
- Amarettini, zum Servieren

So geht's

Das Eigelb und den Zucker in eine Schüssel geben und schaumig rühren. Schokoladenstücke und Marsala zugeben und vorsichtig vermengen.

Die Schüssel in einen Topf mit köchelndem Wasser stellen. Die Masse mit einem Schneebesen so lange rühren, bis die Schokolade geschmolzen ist und eine dicke Creme entsteht. Darauf achten, dass man die Creme nicht zu lange im Wasserbad stehen lässt, sonst gerinnt sie.

Die Creme auf 4 vorgewärmte Kaffeetassen verteilen und mit Kakaopulver bestäuben.

Warm mit Amarettini servieren.

Variation

Besonders gut schmeckt dieses Dessert mit frischen Früchten. Vierteln Sie hierzu 350 g Erdbeeren und geben Sie die Zabaglione darüber.

Schokoladen-Kirsch-Clafoutis

Besondere Desserts

Zutaten für 6–8 Personen

- Butter, zum Einfetten
- 450 g Sauerkirschen, entsteint
- 80 g Rohrohrzucker
- 3 Eier
- 50 g Backpulver
- 2 TL Kakaopulver
- 150 g Crème double
- 300 ml Milch
- 2 TL Kirschwasser (nach Belieben)
- geschlagene Sahne, zum Servieren

So geht's

Den Backofen auf 190 °C vorheizen. Eine quadratische Auflaufform (24 cm Seitenlänge) leicht mit Butter einfetten. Die Kirschen in der Form verteilen, mit etwas Zucker bestäuben und beiseitestellen.

Eier und restlichen Zucker in eine Schüssel geben und schaumig schlagen. Backpulver und Kakaopulver in einer zweiten Schüssel vermischen und zu der Eimasse geben. Sorgfältig unterheben, dann nacheinander Crème double und Milch sowie Kirschwasser, falls verwendet, einrühren. Dann die Mischung über die Kirschen geben und glatt streichen.

Im Ofen 50–60 Minuten backen, bis alles leicht aufgegangen ist.

Noch warm mit Schlagsahne servieren.

Schoko-Nuss-Strudel

Besondere Desserts

Zutaten für 6 Personen

- 150 g Butter, plus etwas mehr zum Einfetten
- 200 g gemischte Nüsse, gehackt
- 120 g Bitterschokolade, gehackt
- 120 g Milchschokolade, gehackt
- 120 g weiße Schokolade, gehackt
- 200 g Filo-Teig, Tiefkühlware aufgetaut
- 3 EL heller Zuckerrüben-sirup, plus etwas mehr zum Beträufeln
- 50 g Puderzucker

So geht's

Den Backofen auf 190 °C vorheizen. Ein Backblech mit Butter einfetten. 1 Esslöffel von den gehackten Nüssen beiseitestellen. Die restlichen Nüsse in einer Schüssel mit den 3 Schokoladensorten vermischen.

Ein Teigblatt auf ein sauberes Geschirrtuch legen. Die Butter zerlassen und den Teig mit etwas Butter bestreichen, mit ein wenig Sirup beträufeln und mit etwas Nuss-Schoko-Mischung bestreuen. Ein weiteres Teigblatt darauflegen und wieder mit Butter, Sirup und Füllung belegen. Den Vorgang wiederholen, bis die Zutaten aufgebraucht sind.

Mithilfe des Geschirrtuchs den Strudel von der langen Seite her vorsichtig aufrollen und auf das Backblech legen. Mit etwas Sirup beträufeln und mit den beiseitegelegten Nüssen bestreuen. 20–25 Minuten im Ofen backen. Falls die Nüsse zu dunkel werden, den Strudel mit Alufolie abdecken.

Aus dem Ofen nehmen, mit Puderzucker bestreuen, in Scheiben schneiden und servieren.

Englische Ingwerpuddings

Besondere Desserts

Zutaten für 4 Personen

- 100 g weiche Butter, plus etwas mehr zum Einfetten
- 100 g Mehl, gesiebt
- 1 TL Backpulver
- 100 g feiner Zucker
- 2 Eier
- 25 g Kakaopulver, gesiebt
- 25 g Bitterschokolade
- 50 g eingelegter Ingwer
- Puderzucker, zum Bestäuben

Schokosauce

- 2 Eigelb
- 1 EL Zucker
- 1 EL Speisestärke
- 300 ml Milch
- 100 g Bitterschokolade, in Stücke gebrochen

So geht's

4 kleine Soufflé-Formen leicht einfetten. Butter, Mehl, Backpulver, Zucker, Eier und Kakaopulver in eine Schüssel geben und zu einem glatten Teig verarbeiten. Schokolade und Ingwer hacken und einrühren.

Die Förmchen mit dem Teig zu drei Vierteln füllen und mit zugeschnittenem Backpapier abdecken. Mit doppelt gefalteter Alufolie gut abdecken und diese mit einer Kordel um den Rand der Form fixieren. 45 Minuten im Wasserbad dämpfen, bis die Puddings gar sind und beim Andrücken leicht nachgeben.

Unterdessen die Sauce zubereiten. Eigelb, Zucker und Speisestärke in einem Topf zu einer glatten Paste verrühren. Die Milch aufkochen und zur Eimischung gießen. Bei geringer Hitze so lange rühren, bis die Sauce eingedickt ist. Den Topf vom Herd nehmen, die Schokolade zufügen und unter Rühren schmelzen.

Die Soufflé-Formen aus dem Wasserbad nehmen und Backpapier sowie Alufolie entfernen. Die Minipuddings mit einem Messer vom Rand lösen und auf Teller stürzen. Mit Puderzucker bestäuben und mit etwas Schokosauce übergießen. Sofort servieren.

Schoko-Knusperkuchen

Besondere Desserts

Zutaten für 8 Personen

Teig
- 200 g Mehl, plus etwas mehr für die Arbeitsfläche
- 1 TL Backpulver
- 120 g Butter, gewürfelt, plus etwas mehr zum Einfetten
- 25 g feiner Zucker
- 1 Eigelb, mit 2 TL kaltem Wasser verquirlt

Schokoladencreme
- 150 g Schlagsahne
- 150 ml Milch
- 250 g Bitterschokolade, gehackt
- 2 Eier, verquirlt

Knusperbelag
- 100 g Rohrohrzucker
- 100 g Pekannüsse, geröstet
- 120 g Bitterschokolade
- 80 g Amaretti
- 1 TL Kakaopulver

So geht's

Für den Teig Mehl und Backpulver in eine Schüssel sieben und mit der Butter vermengen. Zucker und Eigelb zugeben und auf einer leicht bemehlten Arbeitsfläche rasch zu einem weichen Teig kneten. Den Teig zu einer Kugel formen, in Frischhaltefolie wickeln und 30 Minuten im Kühlschrank kalt stellen.

Den Backofen auf 190 °C vorheizen. Den Teig ausrollen und eine eingefettete Obstkuchenform (24 cm Ø) damit auskleiden. Den Teigboden mehrmals mit einer Gabel einstechen, mit Backpapier bedecken und mit Backbohnen beschweren. 15 Minuten blindbacken. Backpapier und Bohnen entfernen. Ofentemperatur auf 180 °C reduzieren.

Sahne und Milch in einem Topf zum Kochen bringen. Den Topf vom Herd nehmen, die Schokolade zugeben und unter Rühren schmelzen. Die Eier einrühren. Die Mischung in die Kuchenform gießen und 15 Minuten backen. Abkühlen lassen.

Vor dem Servieren die Zutaten für den Knusperbelag im Mixer kurz hacken. Den Kuchen mit der Mischung bestreuen und servieren.

Cappuccino-Soufflés

Besondere Desserts

Zutaten für 6 Personen

- Butter, zum Einfetten
- 25 g Rohrohrzucker, plus etwas mehr zum Ausschwenken
- 6 EL Schlagsahne
- 2 TL Instant-Kaffeepulver
- 2 EL Kaffeelikör, z. B. Kahlúa
- 3 große Eier, getrennt, plus 1 Eiweiß extra
- 150 g Bitterschokolade, geschmolzen und abgekühlt
- Kakaopulver, zum Bestäuben
- Vanilleeis, zum Servieren

So geht's

Den Backofen auf 190 °C vorheizen. 6 Soufflé-Förmchen (à 175 ml) mit Butter einfetten und mit Zucker ausschwenken. Auf ein Backblech stellen.

Die Sahne in einem kleinen Topf langsam erhitzen. Den Kaffee darin auflösen, dann den Kaffeelikör einrühren. Die Kaffeemischung auf die Förmchen verteilen.

Das Eiweiß in einer Schüssel steif schlagen, dann nach und nach den Zucker unterrühren. Eigelb und Schokolade in einer separaten Schüssel verrühren und nach und nach den Eischnee unterheben.

Die Mischung auf die Förmchen verteilen 15 Minuten backen, bis die Soufflés aufgegangen sind. Mit Kakaopulver bestäuben und mit Vanilleeis servieren.

Heidelbeer-Torteletts

Besondere Desserts

Zutaten für 10 Stück

Teig
- 200 g Mehl
- 60 g Kakaopulver
- 60 g feiner Zucker
- 1 Prise Salz
- 125 g Butter, gewürfelt, plus etwas mehr zum Einfetten
- 1 Eigelb, mit 2 EL kaltem Wasser verquirlt

Heidelbeersauce
- 200 g Blaubeeren
- 2 EL Crème de Cassis
- 10 g Puderzucker, gesiebt

Füllung
- 140 g Bitterschokolade
- 250 g Schlagsahne
- 150 g saure Sahne

So geht's

Für den Teig Mehl, Kakao, Zucker und Salz in eine große Schüssel sieben und die Butter zufügen. Die Zutaten fein krümelig reiben. Das Eigelb zugeben und alles zu einem Teig kneten. Den Teig in Frischhaltefolie wickeln und 30 Minuten im Kühlschrank kalt stellen.

Den Backofen auf 180 °C vorheizen. Den Teig in 10 Portionen teilen, ausrollen und 10 eingefettete Tortelettförmchen (10 cm Ø) damit auskleiden. Die Förmchen 30 Minuten im Kühlschrank ruhen lassen. Die Torteletts 15–20 Minuten backen. Abkühlen lassen.

Heidelbeeren, Crème de Cassis und Puderzucker in einen Topf geben und so lange erhitzen, bis die Beeren glänzen, aber noch nicht aufplatzen. Abkühlen lassen.

Für die Füllung die Schokolade im Wasserbad schmelzen. Leicht abkühlen lassen. Die Sahne steif schlagen, flüssige Schokolade und saure Sahne unterziehen.

Die Schokosahne gleichmäßig auf die Tortelettböden verteilen, mit einem Löffelrücken etwas glatt streichen und mit der Heidelbeersauce garnieren.

Apfeltarte mit Gittermuster

Besondere Desserts

Zutaten für 6 Personen

Mürbeteig
- 200 g Mehl, plus etwas mehr zum Bestäuben
- 2 EL Kakaopulver
- 3 EL feiner Zucker
- 100 g kalte Butter, gewürfelt, plus etwas mehr zum Einfetten
- 1–2 Eigelb, verquirlt

Füllung
- 250 g Crème double
- 2 Eier, verquirlt
- 1 TL Zimt
- 120 g Bitterschokolade (mind. 50% Kakaoanteil), geraspelt
- 4 Äpfel, geschält, entkernt, in Scheiben geschnitten und mit Zitronensaft beträufelt
- 3 EL Demerara-Zucker

So geht's

Für den Mürbeteig Mehl und Kakaopulver in eine Schüssel sieben. Den Zucker hinzufügen, dann die Butter mit den Fingern in die Mischung reiben, bis ein krümeliger Teig entsteht. So viel Eigelb unterrühren, bis ein glatter Teig entsteht. Zu einer Kugel formen, in Frischhaltefolie einschlagen und 45 Minuten im Kühlschrank ruhen lassen.

Den Backofen auf 180 °C vorheizen. Eine Tarte-Springform (20 cm Ø) mit etwas Butter einfetten. Den Teig auf einer leicht bemehlten Arbeitsfläche ausrollen und drei Viertel des Teigs zum Auslegen der Tarteform verwenden.

Für die Füllung Crème double, Eier (etwas zum Glasieren zurückbehalten), Zimt und Schokolade in einer Schüssel glatt rühren. Die Äpfel unterrühren. Die Füllung in die Form geben, dann mit dem Demerara-Zucker bestreuen.

Den verbliebenen Teig in lange, dünne Streifen schneiden und als Gittermuster auf der Tarte drapieren. Die Gitterstreifen mit dem zurückbehaltenen Ei bestreichen und den Kuchen 40–45 Minuten im vorgeheizten Ofen backen.

Die Apfeltarte aus dem Ofen nehmen und warm servieren.

Schokoladen-Karamell-Törtchen

Besondere Desserts

Zutaten für 12 Stück

- 375 g TK-Blätterteig
- 140 g Bitterschokolade
- 300 g Schlagsahne
- 50 g feiner Zucker
- 4 Eigelb
- 12 TL fertige Karamell-sauce
- **Zum Servieren**
- geschlagene Sahne
- Kakaopulver, zum Bestäuben

So geht's

Die Böden der Vertiefungen einer Backform für 12 Muffins mit zugeschnittenem Backpapier auslegen.

Aus dem Blätterteig 12 Kreise (5 cm Ø) ausstechen. Aus dem restlichen Teig 12 Streifen schneiden und diese mit einem Nudelholz bearbeiten, bis sie nur noch halb so dick sind. Die Seiten der 12 Mulden mit je einem Streifen Blätterteig auskleiden und die Enden der Streifen fest aneinanderdrücken. Mit den Teigkreisen die Böden auskleiden und gut an die Seitenstreifen drücken, um Tortelettförmchen zu erhalten. Die Backform abdecken und für 30 Minuten in den Kühlschrank stellen.

Den Backofen auf 200 °C vorheizen. Die Schokolade im Wasserbad schmelzen. Vom Herd nehmen und etwas abkühlen lassen. Die Schlagsahne zugießen und gut verrühren. Zucker und Eigelb zugeben und zu einer glatten Masse vermengen.

Die Muffin-Form aus dem Kühlschrank nehmen und in jede Mulde 1 Teelöffel Karamellsauce geben. Die Schokoladenmasse auf die Mulden verteilen. Im Ofen 20–25 Minuten backen, bis die Masse fest und der Blätterteig goldbraun ist. Die Törtchen aus dem Ofen nehmen und in der Form etwas abkühlen lassen. Vorsichtig aus der Form lösen und das Backpapier entfernen. Auf jedes Törtchen einen Löffel geschlagene Sahne geben, mit Kakaopulver bestäuben und servieren.

Weiße Kardamomtarte

Zutaten für 6 Personen

Teig
- 75 g kalte Butter, gewürfelt, plus etwas mehr zum Einfetten
- 150 g Mehl, plus etwas mehr für die Arbeitsfläche
- 1 Prise Salz
- kaltes Wasser

Füllung
- 6 g Blattgelatine
- kaltes Wasser
- Kardamomsamen von 8 Kapseln
- 350 g weiße Schokolade, in kleine Stücke gebrochen
- 425 g Schlagsahne

Garnierung
- Kakaopulver
- weiße Schokoladenspäne

So geht's

Eine Springform (24 cm Ø) einfetten. Mehl und Salz in eine Schüssel sieben, Butter zufügen und mit den Händen vermengen. So viel Wasser zugeben, dass ein geschmeidiger Teig entsteht. Den Teig auf einer bemehlten Fläche zu einem 30 cm großen Kreis ausrollen und die Springform damit auslegen. Den Teig am Rand gut festdrücken und überstehende Ränder abtrennen. Den Teig mit Backpapier bedecken und mit Backbohnen beschweren. 30 Minuten kalt stellen. Den Backofen auf 190 °C vorheizen.

Den Teigboden 10 Minuten im Ofen blindbacken. Backpapier und Bohnen entfernen und den Boden weitere 5 Minuten backen. Völlig erkalten lassen.

Die Gelatine in kaltem Wasser einweichen. Den Kardamom fein zerstoßen und mit der Schokolade in eine Schüssel geben. Die Gelatine im Wasserbad auflösen. Die Sahne in einem Topf aufkochen, über die Schokolade gießen und verrühren, bis die Schokolade geschmolzen ist. Die Gelatine zugeben und glatt rühren. Abkühlen lassen und auf dem Teigboden verteilen. 3 Stunden kalt stellen. Kakaopulver darübersieben, den Rand mit Schokospänen belegen und servieren.

Mousse-au-Chocolat-Kuchen

Besondere Desserts

Zutaten für 8 Personen

Nussboden
- 250 g Paranusskerne
- 4 EL Feinzucker
- 4 TL zerlassene Butter

Mousse au Chocolat
- 250 ml Milch
- 2 TL gemahlene Gelatine
- 125 g Feinzucker
- 2 Eier, getrennt
- 250 g Bitterschokolade, grob gehackt
- 1 TL Vanillearoma
- 150 g Schlagsahne
- 2 EL gehackte Paranusskerne, zum Dekorieren

So geht's

Den Backofen auf 200 °C vorheizen. Die Paranüsse im Mixer fein hacken. Zucker und Butter zufügen und mixen. Die Masse in eine Springform (24 cm Ø) geben, gleichmäßig an Boden und Rand andrücken. 8–10 Minuten im Ofen goldgelb backen. Abkühlen lassen.

Für die Mousse die Milch in eine hitzebeständige Schüssel gießen. Die Gelatine darüberstreuen und 2 Minuten quellen lassen. Die Schüssel auf einen Topf mit köchelndem Wasser setzen und die Hälfte des Zuckers, das Eigelb und sämtliche Schokolade zugeben. Bei geringer Hitze 4–5 Minuten rühren, bis sich die Gelatine aufgelöst hat und die Schokolade geschmolzen ist. Die Schüssel aus dem Wasserbad nehmen. Die Creme glatt rühren, das Vanillearoma unterrühren, abkühlen lassen, abdecken und 45–60 Minuten in den Kühlschrank stellen, bis sie zu stocken beginnt.

Die Sahne steif schlagen und bis auf 3 Esslöffel unter die Schokoladenmasse ziehen. Das Eiweiß in einem sauberen Mixbecher halb steif schlagen, 2 Teelöffel des restlichen Zuckers einrieseln lassen und weiterschlagen, bis der Eischnee steif ist. Den restlichen Zucker zugeben und alles unter die Schokoladenmasse ziehen. Die Mousse in der Form 3 Stunden im Kühlschrank fest werden lassen. Mit der restlichen Sahne und den gehackten Paranüssen verzieren.

Mississippi-Mud-Pie

Besondere Desserts

Zutaten für 8 Personen

Teig
- 250 g Mehl, plus etwas mehr für die Arbeitsfläche
- 2 EL Kakaopulver
- 150 g Butter, plus etwas mehr zum Einfetten
- 25 g feiner Zucker
- 1–2 EL kaltes Wasser

Füllung
- 175 g Butter
- 350 g Rohrohrzucker
- 4 Eier, leicht verquirlt
- 4 EL Kakaopulver, gesiebt
- 150 g Bitterschokolade
- 300 g Schlagsahne
- 1 TL Schokoladensirup

Zum Garnieren
- 450 g Schlagsahne
- Schokoladenraspel oder -späne

So geht's

Für den Teig Mehl und Kakao in eine Schüssel sieben, die Butter zufügen und vermengen. Den Zucker und so viel Wasser zugeben, dass ein geschmeidiger Teig entsteht. Den Teig zu einer Kugel formen, in Frischhaltefolie wickeln und 15 Minuten im Kühlschrank kalt stellen.

Den Backofen auf 190 °C vorheizen. Den Teig auf einer leicht bemehlten Arbeitsfläche ausrollen und eine eingefettete Obstkuchenform (24 cm Ø) damit auskleiden. Den Teigboden mit Backpapier bedecken und mit Backbohnen beschweren. 15 Minuten im Ofen blindbacken. Backpapier und Bohnen entfernen und weitere 10 Minuten backen.

Für die Füllung Butter und Zucker in einer Schüssel verrühren und nach und nach Eier und Kakao einarbeiten. Die Schokolade im Wasserbad schmelzen und mit Sahne und Schokoladensirup unter die Eimasse ziehen.

Die Temperatur auf 160 °C reduzieren. Die Füllung in die Kuchenform gießen und 45 Minuten backen, bis sie fest ist.

Den Kuchen abkühlen lassen. Die Sahne steif schlagen und den Kuchen damit bestreichen. Mit Schokoladenraspeln oder -spänen garnieren und servieren.

Schokoladen-Kaffee-Puddings

Besondere Desserts

Zutaten für 4 Personen

- 100 g feiner Zucker
- 3 Eier
- 75 g Mehl
- 50 g Kakaopulver
- 100 g Butter, zerlassen, plus etwas mehr zum Einfetten
- 100 g Bitterschokolade, geschmolzen

Schokosauce

- 2 EL Butter
- 100 g Bitterschokolade
- 5 EL Wasser
- 1 EL feiner Zucker
- 2 EL Kaffeelikör, z. B. Kahlúa
- Kaffeebohnen, zum Dekorieren

So geht's

Für die Puddings Zucker und Eier in eine Schüssel geben, ins Wasserbad stellen und 10 Minuten schaumig rühren. Vom Wasserbad nehmen und Mehl und Kakaopulver einrühren.

Butter und Schokolade unterheben. 4 kleine Backformen einfetten, mit dem Teig zu drei Vierteln füllen und mit zugeschnittenem Backpapier abdecken. Mit doppelt gefalteter Alufolie abdecken und diese mit einer Kordel um den Rand der Form fixieren.

Die Formen in einen Topf stellen und diesen mit so viel Wasser füllen, dass die Formen bis zur Hälfte darin stehen. Das Wasser zum Kochen bringen, dann die Hitze reduzieren, bis das Wasser nur noch leicht köchelt. Die Puddings etwa 40 Minuten dämpfen. Regelmäßig den Wasserstand im Topf überprüfen und gegebenenfalls kochendes Wasser nachfüllen.

Für die Sauce Butter, Schokolade, Wasser und Zucker in einen Topf geben. Bei geringer Hitze und unter Rühren langsam aufkochen lassen, bis alles geschmolzen ist. Den Kaffeelikör einrühren und zur Seite stellen. Formen aus dem Topf nehmen und Backpapier sowie Alufolie entfernen. Die Puddings mit einem Messer vom Rand lösen und auf Teller stürzen. Mit Sauce begießen, mit Kaffeebohnen dekorieren und sofort servieren.

Gekühlte & geeiste Desserts

Schokoladen-Vanille-Creme

Gekühlte & geeiste Desserts

Zutaten für 4 Personen

- 450 g Schlagsahne
- 75 g Zucker
- 1 Vanillestange
- 200 g saure Sahne
- 2 TL Gelatine
- 3 EL Wasser
- 50 g Bitterschokolade
- Schokoraspel, zum Garnieren

So geht's

Sahne und Zucker in einem Topf verrühren und erhitzen. Die Vanillestange längs aufschlitzen und zugeben. Den Zucker zufügen, unter Rühren auflösen und alles aufkochen. Die Hitze reduzieren und 2–3 Minuten köcheln lassen.

Den Topf vom Herd nehmen, die Vanillestange entfernen und die saure Sahne einrühren.

Die Gelatine in das Wasser einstreuen und quellen lassen, im Wasserbad auflösen und unter die Sahnemischung rühren. Die Hälfte der Mischung in eine andere Rührschüssel geben und beiseitestellen.

Die Bitterschokolade schmelzen und unter eine Hälfte der Sahnemischung rühren. Diese auf 4 Serviergläser verteilen und 10–15 Minuten kalt stellen, bis sie eben fest geworden ist. Die Vanillemischung derweil auf Zimmertemperatur halten.

Die Vanillemischung auf die Schokoladenschicht gießen und wieder in den Kühlschrank stellen. Mit Schokoraspeln garnieren und servieren.

Eis mit zwei Schokoladen

Gekühlte & geeiste Desserts

Zutaten für 4 Personen

- 6 Eigelb
- 100 g feiner Zucker
- 300 ml Milch
- 150 g Schlagsahne
- 100 g Bitterschokolade, gehackt
- 85 g weiße Schokolade, gehobelt
- Minzeblätter, zum Garnieren

So geht's

Eigelb und Zucker in einer Schüssel schaumig rühren. Milch, Sahne und dunkle Schokolade in einen Topf geben und bei geringer Temperatur und unter Rühren erhitzen, bis die Schokolade geschmolzen ist. Kurz vor dem Aufkochen vom Herd nehmen und langsam in die Eimischung einrühren. Die Mischung zurück in den Topf geben und bei geringer Hitze so lange rühren, bis eine dicke Creme entsteht. Sofort vom Herd nehmen. In eine Schüssel füllen und abkühlen lassen. Mit Frischhaltefolie abdecken und für 1½ Stunden in den Kühlschrank stellen. Herausnehmen und die weiße Schokolade einrühren.

In einen Gefrierbehälter füllen und für 1 Stunde ins Gefrierfach stellen. Herausnehmen und gut rühren. Für weitere 30 Minuten ins Gefrierfach stellen, herausnehmen und wiederum rühren. Den Vorgang zweimal wiederholen. (Falls Sie eine Eismaschine besitzen, können Sie das Eis darin nach Herstelleranweisung zubereiten.)

Das Schokoladeneis auf Dessertschalen verteilen, mit Minzeblättern dekorieren und sofort servieren.

Schokoladen-Haselnuss-Parfait

Gekühlte & geeiste Desserts

Zutaten für 6 Personen

- 175 g blanchierte Haselnüsse
- 175 g Bitterschokolade, in kleine Stücke gebrochen
- 600 g Schlagsahne
- 3 Eier, getrennt
- 250 g Puderzucker
- 1 EL Kakaopulver, zum Bestäuben
- 6 frische Minzezweige, zum Garnieren
- Waffelgebäck, zum Servieren

So geht's

Den Backofen bei mittlerer Temperatur vorheizen. Die Haselnüsse auf einem Backblech verteilen und im Ofen 5 Minuten goldbraun rösten. Aus dem Ofen nehmen, abkühlen lassen und in der Küchenmaschine fein hacken.

Die Schokolade im Wasserbad schmelzen. Vom Herd nehmen und abkühlen lassen.

Die Sahne steif schlagen, dann die Haselnüsse unterheben. Das Eigelb und 3 Esslöffel Zucker 10 Minuten schlagen, bis eine dickflüssige Creme daraus entsteht.

Das Eiweiß in einer Schüssel steif schlagen, bis sich feste Spitzen bilden. Den restlichen Zucker nach und nach zugeben und so lange weiterrühren, bis der Eischnee glänzt. Die abgekühlte Schokolade in die Eigelb-Creme einrühren. Zunächst die Sahne und anschließend den Eischnee unterheben. Die Mischung auf 6 kleine Gefrierbehälter verteilen, mit Frischhaltefolie abdecken und mindestens 8 Stunden im Gefrierfach fest werden lassen.

Die Parfaits 10 Minuten vor dem Servieren im Kühlschrank etwas weich werden lassen. Anschließend auf Teller stürzen, mit dem Kakaopulver bestäuben und mit der Minze dekorieren. Mit Waffelgebäck servieren.

Schoko-Orangen-Eis

Gekühlte & geeiste Desserts

Zutaten für 6 Personen

- 1 TL Speisestärke
- 5 Tropfen Vanillearoma
- 3 Eigelb
- 300 ml Milch
- 175 g weiße Schokolade, in kleine Stücke gebrochen
- 450 g Schlagsahne
- 120 g Bitterschokolade mit Orangengeschmack, in kleine Stücke gebrochen
- Orangenzesten, zum Garnieren
- Orangenfilets, zum Servieren

So geht's

Speisestärke, Vanillearoma und Eigelb in einer Schüssel verrühren. Die Milch in einem großen Topf bei schwacher Hitze aufkochen, dann unter ständigem Rühren zur Eigelbmischung gießen.

Die Mischung durch ein Sieb in den Topf zurückgießen und unter Rühren erhitzen, bis sie andickt. Vom Herd nehmen, die weiße Schokolade zugeben und unter Rühren schmelzen. Die Schlagsahne einrühren.

150 ml der Mischung separieren und den Rest in einen großen Gefrierbehälter füllen. Abdecken und 2 Stunden einfrieren. Die Orangenschokolade schmelzen, unter die zurückbehaltene Mischung rühren und zur Seite stellen.

Die angefrorene Eiscreme mit einer Gabel aufrühren. Die Orangenmischung löffelweise über die Eiscreme geben und ein Messer so hindurchziehen, dass eine Marmorierung entsteht. 8 Stunden oder über Nacht in das Gefrierfach stellen. Die Eiscreme 30 Minuten vor dem Servieren in den Kühlschrank stellen. Dann das Schoko-Orangen-Eis auf Dessertschalen verteilen, mit Orangenzesten dekorieren und jeweils mit einigen Orangenfilets servieren.

Brownie-Käsekuchen

Gekühlte & geeiste Desserts

Zutaten für 12 Personen

Für den Brownie-Boden
- 100 g Butter, plus etwas mehr zum Einfetten
- 120 g Mehl, plus etwas mehr zum Bestäuben
- 120 g Bitterschokolade, in kleine Stücke gebrochen
- 200 g feiner Zucker
- 2 Eier, verquirlt
- 60 ml Milch

Für die Frischkäseschicht
- 500 g Frischkäse
- 130 g feiner Zucker
- 3 Eier, verquirlt
- 1 TL Vanillearoma
- 120 g Naturjoghurt
- geschmolzene Bitterschokolade, zum Garnieren

So geht's

Den Backofen auf 180 °C vorheizen. Eine Springform (24 cm Ø) mit Butter einfetten und leicht mit Mehl bestäuben.

Butter und Schokolade im Wasserbad schmelzen. Vom Herd nehmen und den Zucker einrühren.

Eier und Milch zur Schokoladenmasse geben und glatt rühren. Das Mehl hineinsieben und gut vermengen. Die Mischung in die Springform geben und glatt streichen.

Im Ofen 25 Minuten backen. Herausnehmen und abkühlen lassen. Die Ofenhitze auf 160 °C reduzieren.

Für die Käseschicht Frischkäse, Zucker, Eier und Vanillearoma verrühren. Den Joghurt unterziehen und die Mischung über dem Brownie-Boden verteilen. Im Ofen 45–55 Minuten backen.

Den Kuchen in der Form abkühlen lassen. Mit einem Messer an den Kuchenrändern entlangfahren, um den Kuchen zu lösen. Auf eine Servierplatte setzen und mindestens 4 Stunden oder über Nacht in den Kühlschrank stellen. In Portionsstücke schneiden und auf Tellern anrichten. Mit etwas geschmolzener Schokolade feine Linien über die Stücke ziehen und servieren.

Schoko-Orangen-Terrine

Zutaten für 10–12 Personen

- 6 EL Wasser
- 3 TL Gelatinepulver
- je 120 g Milch-, Bitter- und weiße Schokolade, in kleine Stücke gebrochen
- 450 g Schlagsahne
- 6 Eier, getrennt
- 75 g feiner Zucker

Orangencreme

- 25 g feiner Zucker
- 1 EL Speisestärke
- 2 Eigelb
- 150 ml Milch
- 150 g Schlagsahne
- abgeriebene Schale von 1 Orange
- 1 EL Cointreau

Garnierung

- 150 g Schlagsahne, steif geschlagen
- Kaffeebohnen mit Schokoladenüberzug
- Orangenzesten

So geht's

Eine Kastenform (1,2 l) mit Frischhaltefolie auslegen. 2 Esslöffel Wasser und 1 Teelöffel Gelatine in eine Schüssel geben und 5 Minuten quellen lassen. Dann im Wasserbad so lange rühren, bis sich die Gelatine aufgelöst hat. Beiseitestellen. Die Milchschokolade im Wasserbad schmelzen. Ein Drittel der Sahne steif schlagen. In einer weiteren Schüssel Eiweiß steif schlagen. 2 Eigelb und ein Drittel des Zuckers in einer dritten Schüssel verrühren. Milchschokolade, aufgelöste Gelatine und Sahne einrühren. Das Eiweiß unterziehen. In die Form geben, abdecken und 20 Minuten im Gefrierfach fest werden lassen.

Die weiße Schokoladenmasse ebenso zubereiten, auf die erste Schicht geben und einfrieren. Auch die Bitterschokolade zubereiten und als letzte Schicht auf den anderen verteilen. 2 Stunden kalt stellen.

Zucker, Stärke und Eigelb glatt rühren. Milch, Sahne und Orangenschale in einem Topf erhitzen, dann unter die Eimischung rühren. Durch ein Sieb wieder in den Topf geben und erhitzen, bis die Mischung eindickt. Abkühlen lassen. Den Cointreau einrühren. Die Terrine stürzen. Mit Sahne, Kaffeebohnen und Orangenzesten dekorieren und mit Orangencreme servieren.

Eis aus weißer Schokolade

Gekühlte & geeiste Desserts

Zutaten für 8 Personen

- 2 EL Hagelzucker
- 5 EL Wasser
- 300 g weiße Schokolade, in kleine Stücke gebrochen
- 3 Eier, getrennt
- 300 g Schlagsahne
- frische Erdbeeren, zum Garnieren
- Erdbeersauce, zum Servieren

So geht's

Eine Kastenform (850 ml) so glatt wie möglich mit Frischhaltefolie auslegen. Den Hagelzucker unter Rühren bei geringer Hitze im Wasser auflösen. Zum Kochen bringen und 1–2 Minuten sprudelnd zu Sirup einkochen, dann den Topf vom Herd nehmen.

Die Schokolade unter Rühren zum Sirup geben und so lange rühren, bis sie geschmolzen ist. Leicht abkühlen lassen.

Das Eigelb in die Schokoladenmischung einrühren und diese vollständig abkühlen lassen. Die Sahne leicht schlagen und zur Schokoladenmischung geben.

Das Eiweiß steif schlagen, bis der Eischnee feste Spitzen bildet, dann unter die Schokoladenmischung heben. In die Form geben und über Nacht ins Gefrierfach stellen.

10–15 Minuten vor dem Servieren aus dem Gefrierfach nehmen, auf eine Servierplatte stürzen und in dünne Scheiben schneiden. Mit Erdbeeren dekorieren und mit Erdbeersauce servieren.

Weiße Schokoladentürmchen

Gekühlte & geeiste Desserts

Zutaten für 6 Personen

- 125 g weiße Schokolade, in kleine Stücke gebrochen
- 250 g Schlagsahne
- 3 EL Crème fraîche
- 2 Eier
- 3 EL Wasser
- 1½ TL Gelatinepulver
- Pflanzenöl, zum Einfetten
- 150 g frische Erdbeeren, in Scheiben
- 150 g frische Himbeeren
- 150 g frische Johannisbeeren
- 5 EL feiner Zucker
- 125 ml Himbeerlikör

So geht's

Die Schokolade im Wasserbad schmelzen. Die Sahne in einen Topf geben und erhitzen. Kurz vor dem Aufkochen zur Schokolade gießen und gut verrühren. Die Crème fraîche zufügen, alles gut vermengen und etwas abkühlen lassen.

Die Eier trennen und das Eiweiß beiseitestellen. Das Eigelb vorsichtig in die Schokoladenmasse rühren.

Das Wasser in eine Schüssel geben, die Gelatine hineinstreuen und 2 Minuten quellen lassen. Dann im Wasserbad erhitzen, bis sich die Gelatine ganz aufgelöst hat. In die Schokoladenmischung rühren.

6 Ramequin-Formen mit etwas Öl einpinseln. Das Eiweiß steif schlagen, in die Schokoladenmasse rühren und diese auf die Formen verteilen. Bedecken und 2 Stunden in den Kühlschrank stellen.

Die Beeren in eine Schüssel geben, Zucker und Likör zufügen, verrühren und 2 Stunden kalt stellen.

Die Schokoladen-Türmchen auf einzelne Teller stürzen, die Beeren rundum verteilen und servieren.

Champagnermousse

Gekühlte & geeiste Desserts

Zutaten für 4 Personen

Biskuit
- 4 Eier
- 100 g feiner Zucker
- 75 g Mehl
- ½ TL Backpulver
- 2 EL Kakaopulver
- 25 g Butter, zerlassen

Mousse
- 1 Päckchen Gelatinepulver
- 3 EL Wasser
- 300 ml Sekt oder Champagner
- 300 g Schlagsahne
- 2 Eiweiß
- 75 g feiner Zucker
- 50 g Bitterkuvertüre, geschmolzen, zum Garnieren

So geht's

Den Backofen auf 200 °C vorheizen. Ein Backblech mit Backpapier auslegen. Eier und Zucker in eine Schüssel geben und schaumig schlagen. Mehl, Backpulver und Kakao hineinsieben und unterheben, dann die Butter einrühren. Den Teig gleichmäßig auf dem Backblech verteilen und 8 Minuten backen. 5 Minuten abkühlen lassen, dann auf ein Kuchengitter heben. 4 Backformen von 10 cm Ø mit Backpapier auskleiden. Aus dem Biskuitboden 4 entsprechend große runde Scheiben ausstechen und in die Backformen legen. Den restlichen Boden in 2,5 cm breite Scheiben schneiden und die Backformen an den eiten damit auskleiden.

Für die Mousse die Gelatine in das Wasser einstreuen und quellen lassen. Dann im Wasserbad auflösen und Sekt oder Champagner unter Rühren zufügen.

Die Sahne steif schlagen und die Champagner-Gelatine-Mischung unterheben. Kalt stellen, bis die Mischung beinahe fest ist, dann umrühren. Das Eiweiß steif schlagen, nach und nach Zucker zugeben. Unter die Champagnermischung heben und die Backformen damit füllen.
2 Stunden in den Kühlschrank stellen. Zur Dekoration die Kuvertüre in Schlangenlinien auf Backpapier spritzen, nach dem Erstarren vorsichtig abziehen und die Mousse damit verzieren. Kalt servieren.

Schoko-Kirsch-Tiramisù

Gekühlte & geeiste Desserts

Zutaten für 4 Personen

- 200 ml kalter schwarzer Kaffee
- 6 EL Kirschwasser
- 2 fertige Biskuitböden
- 250 g Mascarpone
- 300 g Schlagsahne, steif geschlagen
- 3 EL Puderzucker
- 275 g frische süße Kirschen, halbiert und entsteint

Garnierung

- 60 g Schokoladenspäne
- frische Kirschen

So geht's

Den Kaffee in eine Schüssel geben und mit dem Kirschwasser verrühren. Eine große tiefe Servierplatte mit einem Biskuitboden auslegen und die Hälfte der Kaffeemischung darüberträufeln.

Mascarpone, Schlagsahne und Puderzucker in eine Schüssel geben und gut verrühren. Die Hälfte der Creme auf den Biskuitboden streichen. Die Hälfte der Kirschen darauf verteilen. Das Ganze mit dem zweiten Biskuitboden abdecken. Diesen mit der restlichen Kaffeemischung beträufeln und die restlichen Kirschen darauflegen. Die übrige Mascarponecreme darübergeben und gleichmäßig verstreichen. Die Schokoladenspäne darüberstreuen, abdecken und mindestens 2 Stunden in den Kühlschrank stellen.

Aus dem Kühlschrank nehmen, mit den Kirschen garnieren und servieren.

Weißes Kokos-Schoko-Eis

Gekühlte & geeiste Desserts

Zutaten für 6 Personen

- 2 Eier
- 2 Eigelb
- 120 g Rohrohrzucker
- 600 g Schlagsahne
- 120 g weiße Schokolade, gehackt
- 120 g Kokoscreme, gehackt
- 3 EL Kokosrum
- exotische Früchte wie Mango, Ananas oder Passionsfrucht, zum Servieren

So geht's

Eier, Eigelb und Zucker in eine Schüssel geben und schaumig schlagen. 300 g Sahne, Schokolade und Kokoscreme in einem Topf unter Rühren erhitzen, bis die Schokolade geschmolzen ist. Unter kräftigem Rühren zur Eimischung gießen, dann die Schüssel so auf einen Topf mit leicht köchelndem Wasser setzen, dass der Schüsselboden das Wasser nicht berührt.

Die Mischung unter ständigem Rühren erhitzen, bis sie eindickt. Durch ein Sieb in eine Glasschüssel umfüllen und abkühlen lassen. Die restliche Sahne und den Rum in einer separaten Schüssel leicht verrühren, dann unter die abgekühlte Schokoladenmischung ziehen.

Die Mischung in einen großen Gefrierbehälter füllen, abdecken und 2 Stunden einfrieren. Mit einer Gabel aufrühren und weitere 3 Stunden ins Gefrierfach stellen. Die Eiscreme 30 Minuten vor dem Servieren in den Kühlschrank stellen, dann auf Dessertschalen verteilen und mit den exotischen Früchten servieren.

Schokoladeneis im Körbchen

Gekühlte & geeiste Desserts

Zutaten für 6 Personen

Eiscreme

- 1 Ei
- 3 Eigelb
- 90 g feiner Zucker
- 300 ml Milch
- 250 g Bitterschokolade, in kleine Stücke gebrochen
- 250 g Schlagsahne

- **Körbchen**
- 100 g Bitterschokolade

So geht's

Ei, Eigelb und Zucker in einer Schüssel schaumig rühren. Die Milch erhitzen und unter ständigem Rühren zur Eimischung gießen. Die Masse im Wasserbad rühren, bis sie eindickt.

Die Schokolade zugeben und unter Rühren schmelzen. Mit angefeuchtetem Backpapier abdecken und abkühlen lassen.

Die Sahne steif schlagen und unter die Mischung heben. In einem Gefrierbehälter 2 Stunden in das Gefrierfach stellen. Mit einer Gabel die Eiscreme aufrühren und erneut einfrieren.

Für die Körbchen 6 kleine Backformen umdrehen und mit Frischhaltefolie überziehen. Die Schokolade schmelzen. Ein Stück Backpapier zu einer Tüte drehen, die Spitze abschneiden und die Schokolade hineinfüllen.

Um den Boden jeder Form einen Kreis Schokolade spritzen, dann über Kreuz Linien darüberziehen, bis eine körbchenartige Struktur entsteht. Eine zweite Schicht darüberspritzen und einen weiteren Kreis um den Boden ziehen. Zum Festwerden in den Kühlschrank stellen. Die Körbchen aus der Form heben und die Folie abziehen. Mit Eis füllen und servieren.

Weißes Schokoladeneis in Biskuit

Gekühlte & geeiste Desserts

Zutaten für 6 Personen

Eiscreme
- 1 Ei
- 1 Eigelb
- 40 g feiner Zucker
- 150 g weiße Schokolade, in kleine Stücke gebrochen
- 300 ml Milch
- 150 g Schlagsahne

Biskuitschalen
- 1 Eiweiß
- 50 g feiner Zucker
- 1 EL Mehl, gesiebt
- 1 EL Kakaopulver, gesiebt
- 25 g Butter, zerlassen
- Bitterschokolade, geschmolzen, zum Servieren

So geht's

2 Backbleche mit Backpapier auslegen. Für das Eis Ei, Eigelb und Zucker in eine Schüssel geben und schaumig rühren. Die Schokolade mit 3 Esslöffeln Milch in eine Schüssel geben und im Wasserbad schmelzen. Die Milch erhitzen und in die Eimischung rühren. Dann im heißen Wasserbad unter Rühren eindicken lassen. Die Schokolade unterrühren. Mit feuchtem Backpapier abdecken und fest werden lassen.

Die Sahne steif schlagen und unter die Mischung heben. In einen Gefrierbehälter füllen und 2 Stunden ins Gefrierfach stellen. Mit einer Gabel aufrühren, zurück ins Gefrierfach stellen und fest frieren lassen.

Den Backofen auf 200 °C vorheizen. Eiweiß und Zucker vermischen. Erst Mehl und Kakao, dann Butter unterrühren. Je 1 Esslöffel Teig auf ein Backblech geben und zu 12 cm großen Kreisen ausbreiten. Im Ofen 5 Minuten backen. Vom Blech nehmen und auf umgedrehte Tassen stülpen. Den Vorgang mit dem restlichen Biskuitteig wiederholen und auf diese Weise 6 Schalen herstellen. Nach dem Festwerden auf einem Kuchengitter abkühlen lassen. Das Eis in die Teigschalen geben, mit Schokolade beträufeln und servieren.

Schokoladen-Tiramisù

Gekühlte & geeiste Desserts

Zutaten für 6 Personen

- 175 g Schlagsahne
- 300 g Sahnequark oder Mascarpone
- 280 g Bitterschokolade, in kleine Stücke gebrochen
- 400 ml heißer Kaffee
- 50 g feiner Zucker
- 6 EL brauner Rum oder Weinbrand
- 54 Löffelbiskuits
- Kakaopulver, zum Bestäuben

So geht's

Die Sahne steif schlagen. Den Quark mit einem Schneebesen locker aufschlagen und vorsichtig die Sahne unterheben. Die Schokolade in eine hitzebeständige Schüssel geben und im Wasserbad schmelzen. Vom Herd nehmen und leicht abkühlen lassen. Dann die Schokolade zur Quarkmischung geben und glatt rühren.

Heißen Kaffee und Zucker in eine Schüssel geben und rühren, bis sich der Zucker aufgelöst hat. Etwas abkühlen lassen und den Rum einrühren. Die Löffelbiskuits nun im Folgenden schnell in die Rum-Kaffee-Mischung tauchen und sofort anrichten.

Auf jeden Dessertteller jeweils 3 Löffelbiskuits legen und mit einer dünnen Lage Schokoladenmasse bestreichen.

Weitere 3 Löffelbiskuits quer auf die Masse legen und erneut etwas Schokoladenmasse darauf verstreichen. Mit einer dritten Lage Löffelbiskuits abschließen.

Die Tiramisùs für mindestens 1 Stunde in den Kühlschrank stellen. Mit etwas Kakaopulver bestäuben und servieren.

Schoko-Orangen-Töpfchen

Gekühlte & geeiste Desserts

Zutaten für 6 Personen

- 200 g Bitterschokolade, in kleine Stücke gebrochen
- fein abgeriebene Schale von 1 Orange
- 300 g Schlagsahne
- 150 g Rohrohrzucker
- 3 EL Cointreau
- 3 große Eiweiß
- dünne Orangenzesten, zum Garnieren
- Waffelröllchen, zum Servieren

So geht's

Die Schokolade im Wasserbad schmelzen und die abgeriebene Orangenschale einrühren. Die Schlagsahne mit 100 g Zucker und dem Cointreau in einer Schüssel steif schlagen.

Das Eiweiß in einer separaten Schüssel steif schlagen, dann nach und nach den restlichen Zucker einrühren. Zunächst die geschmolzene Schokolade, dann vorsichtig den Eischnee unter die Sahne heben.

Die Mischung auf 6 Mokkatassen verteilen. Abgedeckt 1 Stunde in den Kühlschrank stellen. Mit Orangenzesten garnieren und mit Waffelröllchen servieren.

Kaffee-Panna-Cotta

Gekühlte & geeiste Desserts

Zutaten für 6 Personen

- Öl, zum Einfetten
- 600 g Schlagsahne
- 1 Vanillestange
- 50 g Rohrohrzucker
- 2 TL Instant-Espressopulver, in 4 EL Wasser aufgelöst
- 2 TL Gelatinepulver
- Kaffeebohnen mit Schokoladenüberzug, zum Garnieren

Sauce

- 150 g Schlagsahne
- 60 g Bitterschokolade, geschmolzen

So geht's

6 kleine Puddingformen (150 ml) leicht mit Öl einfetten. Die Sahne in einen Topf geben. Die Vanillestange aufschneiden und das Mark in die Schlagsahne schaben. Vanillestange und Zucker hineingeben, sanft erhitzen, aber nicht kochen. Die Creme durch ein Sieb in eine Schüssel abgießen und zur Seite stellen. Espresso- und Gelatinepulver in einer kleinen Schüssel 5 Minuten quellen lassen. Ins Wasserbad stellen und so lange rühren, bis sich die Gelatine aufgelöst hat.

Gelatinemischung mit der Creme verrühren. Die Masse auf die Puddingformen verteilen, kurz abkühlen lassen, bedecken und 8 Stunden oder über Nacht in den Kühlschrank stellen.

Für die Sauce ein Viertel der Sahne in einer Schüssel mit der geschmolzenen Schokolade verrühren. Nach und nach die restliche Sahne bis auf 1 Esslöffel einrühren. Zum Servieren die Böden der Formen kurz in heißes Wasser tauchen und die Panna Cotta auf 6 Dessertteller stürzen. Mit der Schokoladensauce übergießen. Tropfen der zurückbehaltenen Sahne auf die Sauce träufeln und mit einem Zahnstocher zu Herzen ziehen. Mit Kaffeebohnen dekorieren und servieren.

Sahnelikör-Käsekuchen

Zutaten für 12 Personen

- Öl, zum Einfetten
- 175 g Schokoladenkekse
- 50 g Butter

Füllung

- 225 g Bitterschokolade
- 225 g Milchschokolade
- 50 g Rohrohrzucker
- 350 g Frischkäse
- 425 g Schlagsahne, steif geschlagen
- 3 EL irischer Sahnelikör

Zum Servieren

- Crème fraîche
- frische Beeren

So geht's

Den Boden einer Springform (20 cm Ø) mit Alufolie auslegen und den Rand mit Öl einfetten. Die Kekse in einen Gefrierbeutel füllen und mit dem Nudelholz zerdrücken. Die Butter in einem Topf zerlassen und die Keksкrümel einrühren. Die Mischung auf den Boden der Form drücken und 1 Stunde kalt stellen.

Die Schokoladen für die Füllung gemeinsam schmelzen, glatt rühren und abkühlen lassen. Zucker und Frischkäse in einer großen Schüssel glatt rühren, dann die Sahne unterziehen. Die Mischung sorgfältig unter die geschmolzene Schokolade ziehen, dann den Sahnelikör einrühren.

Die Füllung auf dem Kuchenboden verteilen und glatt streichen. Abdecken und 2 Stunden im Kühlschrank fest werden lassen. Auf einen Servierteller setzen und in Stücke schneiden. Mit Crème fraîche und Obst servieren.

Sizilianischer Cassata-Kuchen

Gekühlte & geeiste Desserts

Zutaten für 8 Personen

- 175 g weiche Butter, plus etwas mehr zum Einfetten
- 150 g Mehl
- 2½ TL Backpulver
- 2 EL Kakaopulver
- 175 g Rohrohrzucker
- 3 Eier
- Puderzucker, zum Bestäuben
- Schokoladenspäne, zum Garnieren

Füllung

- 450 g Ricotta
- 100 g Bitterschokolade, fein gehackt
- 120 g Rohrohrzucker
- 3 EL Marsala
- 50 g kandierte Früchte, gehackt
- 25 g Mandeln, gehackt

So geht's

Den Backofen auf 190 °C vorheizen. Eine Springform (18 cm Ø) einfetten und den Boden mit Backpapier auslegen. Mehl, Backpulver und Kakao in eine große Schüssel sieben. Mit Butter, Zucker und Eiern cremig schlagen. Den Teig in die Form geben und 30–40 Minuten backen, bis er aufgegangen und fest ist. Dann 5 Minuten in der Form abkühlen lassen und zum Auskühlen auf ein Kuchengitter setzen.

Die Springform auswaschen, abtrocknen und mit Backpapier auslegen. Für die Füllung den Ricotta durch ein Sieb in eine Schüssel streichen. Schokolade, Zucker und Marsala zugeben und verrühren. Früchte und Mandeln unterrühren.

Die dünne Kruste von der Oberseite des Kuchens abschneiden und wegwerfen. Den Kuchen horizontal in 3 Böden schneiden. Den ersten Boden in die Form legen und mit der Hälfte der Füllung bestreichen. Die Schichtung wiederholen und mit dem dritten Teigboden abschließen. Leicht andrücken, mit einem Teller und einem Gewicht beschweren und 8 Stunden oder über Nacht in den Kühlschrank stellen. Den Kuchen auf einem Teller servieren, mit Puderzucker bestäuben und mit Schokoladenspänen dekorieren.

Schokoladen-Orangen-Parfait

Gekühlte & geeiste Desserts

Zutaten für 8 Personen

- 2 TL Butter, zum Einfetten
- 400 g Bitterschokolade, in kleine Stücke gebrochen
- 3 kleine unbehandelte Orangen
- 4 Eigelb
- 250 g Schmand
- 2 EL Rosinen
- 300 g geschlagene Sahne, zum Servieren

So geht's

Eine Terrinen- oder Kastenform mit Butter einfetten und mit Frischhaltefolie auslegen. Die Schokolade in eine hitzebeständige Schüssel geben und im Wasserbad schmelzen. Vom Herd nehmen und leicht abkühlen lassen.

In der Zwischenzeit die Schale von den Orangen sehr dünn abschälen. (Es sollte keine weiße Haut mehr daran hängen.) Die Schalen in sehr dünne Streifen schneiden. Das Eigelb in die Schokolade rühren. Von der Orangenschale etwas zum Garnieren zurückbehalten und den Rest in die Schokoladenmasse geben. Schmand und Rosinen zufügen und gut verrühren. Die Masse in die Terrinenform füllen, glatt streichen und mit Frischhaltefolie abdecken. Für mindestens 3–4 Stunden in den Kühlschrank stellen, bis die Masse fest geworden ist.

Das Parfait auf eine Servierplatte stürzen und die Frischhaltefolie entfernen. Das Parfait in Scheiben schneiden und auf Dessertteller verteilen. Auf jede Scheibe etwas Sahne geben und mit Orangenschale garnieren. Sofort servieren.

Schokoladen-Marquise

Gekühlte & geeiste Desserts

Zutaten für 4 Personen

- 200 g Bitterschokolade, in kleine Stücke gebrochen
- 100 g Butter
- 3 Eigelb
- 75 g feiner Zucker
- 1 TL Schokoladenlikör
- 300 g Schlagsahne

Zum Servieren

- Kakaopulver, zum Bestäuben
- Früchte, in Schokolade getaucht
- Crème fraîche

So geht's

Die Schokolade mit der Butter im Wasserbad schmelzen, vom Herd nehmen und etwas abkühlen lassen.

Eigelb und Zucker in eine Schüssel geben und schaumig rühren. Unter Rühren die Schokolade und den Likör zugießen und verrühren.

Die Sahne steif schlagen und unter die Schokoladenmischung heben. Auf 6 Keramik- oder Metallförmchen, z. B. in Herzform, verteilen und mindestens 2 Stunden in den Kühlschrank stellen.

Die Desserts zum Servieren auf Teller stürzen. Mit Kakaopulver bestäuben, mit den Schokoladenfrüchten und der Crème fraîche garnieren und servieren.

Kuchen & Torten

Schoko-Dattel-Kuchen

Kuchen & Torten

Zutaten für 6 Personen

- 120 g Butter, plus etwas mehr zum Einfetten
- 90 g Mehl, plus etwas mehr zum Bestäuben
- 120 g Bitterschokolade, in kleine Stücke gebrochen
- 1 EL Grenadine
- 1 EL heller Zuckerrübensirup
- 60 g feiner Zucker
- 2 große Eier
- 1 TL Backpulver
- 2 EL Reismehl
- 1 EL Puderzucker, zum Bestäuben

Füllung

- 120 g getrocknete Datteln, gehackt
- 1 EL Orangensaft
- 1 EL Rohrohrzucker
- 25 g blanchierte Mandeln, gehackt
- 2 EL Aprikosenkonfitüre

So geht's

Den Backofen auf 180 °C vorheizen. Jeweils 2 Springformen (18 cm Ø) einfetten und mit etwas Mehl bestäuben. Schokolade, Grenadine und Sirup im Wasserbad unter Rühren schmelzen. Aus dem Wasserbad nehmen und abkühlen lassen.

Butter und Zucker in einer Schüssel schaumig schlagen. Nach und nach die Eier unterrühren, dann die flüssige Schokoladenmischung unterziehen. Mehl und Backpulver in eine Schüssel sieben, mit dem Reismehl mischen und ebenfalls unter den Teig heben.

Den Teig auf die Springformen verteilen und glatt streichen. 20–25 Minuten backen. Aus den Springformen lösen und auf einem Kuchengitter abkühlen lassen.

Für die Füllung alle Zutaten in einem Topf bei geringer Hitze 5 Minuten unter Rühren erwärmen. Den Topf vom Herd nehmen und die Füllung abkühlen lassen. Anschließend auf einem der Böden verteilen und mit dem anderen bedecken. Den Kuchen mit Puderzucker bestäuben und servieren.

Schoko-Marshmallow-Kuchen

Kuchen & Torten

Zutaten für 6 Personen

- 75 g Butter, plus etwas mehr zum Einfetten
- 250 g feiner Zucker
- 3 Tropfen Vanillearoma
- 2 Eier, verquirlt
- 90 g Bitterschokolade, in Stücke gebrochen
- 150 ml Buttermilch
- 175 g Mehl
- 2 TL Backpulver
- ½ TL Speisenatron
- 1 Prise Salz
- 50 g Milchschokolade, geraspelt, zum Dekorieren

Glasur

- 175 g weiße Marshmallows
- 1 EL Milch
- 2 Eiweiß
- 2 EL feiner Zucker

So geht's

Den Backofen auf 160 °C vorheizen. Eine Napfkuchenform (850 ml) mit Butter einfetten. Butter, Zucker und Vanillearoma in einer Schüssel schaumig schlagen, dann nach und nach die Eier unterrühren.

Die Bitterschokolade unter Rühren im Wasserbad schmelzen. Die Buttermilch ebenfalls unter Rühren zugeben. Vom Herd nehmen und etwas abkühlen lassen.

Mehl, Backpulver, Natron und Salz in eine Schüssel sieben und mischen. Die Schokoladenmasse und die Mehlmischung unter die Butter-Zucker-Creme ziehen. Den Teig in die Form füllen. 50 Minuten backen, bis ein in die Kuchenmitte gestochener Holzspieß teigfrei bleibt. Auf ein Kuchengitter stürzen und abkühlen lassen.

Für die Glasur Marshmallows und Milch in einem kleinen Topf bei geringer Hitze erwärmen, bis die Marshmallows geschmolzen sind. Vom Herd nehmen und abkühlen lassen. Eiweiß halb steif schlagen, den Zucker zugeben und zu den Eischnee ganz steif schlagen. Unter die abgekühlte Marshmallowcreme ziehen. 10 Minuten ruhen lassen.

Den Kuchen mit der Glasur bestreichen und mit Schokoladenraspeln bestreuen.

Mokka-Schichttorte

Kuchen & Torten

Zutaten für 8 Personen

- Butter, zum Einfetten
- 200 g Mehl
- 2½ TL Backpulver
- 4 EL Kakaopulver
- 100 g feiner Zucker
- 2 Eier
- 2 EL heller Zuckerrüben-sirup
- 150 ml Maiskeimöl
- 150 ml Milch

Mokkasahne

- 1 EL Instant-Kaffeepulver
- 1 EL kochendes Wasser
- 300 g Schlagsahne
- 2 EL Puderzucker

Garnierung

- 50 g Bitterschokoladen-raspel
- Schokoladenspäne
- Puderzucker, zum Bestäuben

So geht's

Den Backofen auf 180 °C vorheizen. Eine Springform (24 cm Ø) einfetten.

Mehl, Back- und Kakaopulver in eine große Schüssel sieben und mit dem Zucker mischen. Eine Vertiefung in die Mitte drücken und Eier, Sirup, Öl und Milch hineingeben. Alles mit einem Holzlöffel nach und nach zu einem glatten Teig verarbeiten. Den Teig in die Springform füllen.

Den Kuchen im Backofen 35–45 Minuten backen. Anschließend 5 Minuten in der Form abkühlen lassen, dann auf ein Kuchengitter stürzen und auskühlen lassen. Den Kuchen zweimal horizontal durchschneiden.

Für die Mokkasahne den Kaffee im heißen Wasser auflösen, und dann mit Sahne und Puderzucker in einer großen Schüssel steif schlagen. Die 3 Böden mit der Hälfte der Sahne bestreichen und aufeinanderschichten. Mit der restlichen Mokkasahne die Torte rundum bestreichen. Die Schokoladenraspeln in den Rand drücken. Die Torte auf eine Tortenplatte heben und mit den Schokoladenspänen belegen. Einige dünne Streifen Backpapier zuschneiden, kreuzweise auf die Torte legen und diese mit Puderzucker bestäuben. Die Papierstreifen entfernen und die Torte servieren.

Gefüllter Schokoladenkuchen

Kuchen & Torten

Zutaten für 10 Personen

- 175 g Butter, plus etwas mehr zum Einfetten
- 175 g feiner Zucker
- 4 Eier, verquirlt
- 200 g Mehl
- 2 TL Backpulver
- 1 EL Kakaopulver
- 50 g Bitterschokolade, geschmolzen
- 200 g Kuvertüre, zum Dekorieren

Ganache
- 450 g Schlagsahne
- 375 g Bitterschokolade, in kleine Stücke gebrochen

So geht's

Den Backofen auf 180 °C vorheizen. Eine Springform (20 cm Ø) einfetten und den Boden mit Backpapier auslegen. Butter und Zucker in einer Schüssel schaumig rühren. Unter Rühren die Eier zugeben. Mehl, Back- und Kakaopulver darübersieben und vermengen, dann die Schokolade unterheben.

Den Teig in die Form füllen und 40 Minuten backen. Auf ein Kuchengitter stürzen und abkühlen lassen. Dann horizontal durchschneiden.

Für die Ganache die Schlagsahne unter ständigem Rühren aufkochen, die Schokolade zugeben und schmelzen. In eine Schüssel geben und unter Rühren abkühlen lassen. Ein Drittel der Ganache beiseitestellen, den Rest zwischen die Kuchenschichten füllen und den Kuchen damit überziehen.

Die Kuvertüre schmelzen und auf einen Bogen Backpapier gießen. Abkühlen lassen, bis sie gerade fest geworden ist, dann daraus Streifen schneiden, die etwas breiter sind, als der Kuchen hoch ist. Die Streifen rund um den Kuchen legen.

Restliche Ganache in einen Spritzbeutel geben und den Kuchen damit dekorieren. Bis zum Servieren in den Kühlschrank stellen.

Weiße Trüffeltorte

Kuchen & Torten

Zutaten für 12 Personen

- Butter, zum Einfetten
- 2 Eier
- 50 g feiner Zucker
- 50 g Mehl
- 50 g weiße Schokolade, geschmolzen

Trüffelbelag
- 300 g Schlagsahne
- 350 g weiße Schokolade, in Stücke gebrochen
- 250 g Mascarpone

Garnierung
- Bitter-, Milch- oder weiße Schokoladenspäne
- Kakaopulver

So geht's

Den Backofen auf 180 °C vorheizen. Eine Springform (20 cm Ø) leicht einfetten und den Boden mit Backpapier auslegen. Eier und Zucker in einer großen Schüsel schaumig schlagen. Das Mehl mit einem Löffel unterrühren. Die weiße Schokolade einarbeiten. Den Teig in die Springform geben und 25 Minuten backen. Auf einem Kuchengitter vollständig auskühlen lassen, dann wieder in die gesäuberte Springform geben.

Für den Belag die Schlagsahne unter Rühren vorsichtig aufkochen. Etwas abkühlen lassen, die weiße Schokolade zufügen und unter Rühren schmelzen. Vom Herd nehmen und weiterhin unter Rühren abkühlen lassen. Dann die Mascarpone einrühren. Die Mischung auf dem Kuchen verteilen und 2 Stunden kalt stellen.

Den Kuchen aus der Form nehmen. Die Torte mit den Schokoladenspänen dekorieren und mit Kakaopulver bestäuben.

Biskuit mit Schokocreme

Kuchen & Torten

Zutaten für 10 Personen

- Butter, zum Einfetten

Füllung
- 250 g Schlagsahne
- 250 g weiße Schokolade, in kleine Stücke gebrochen

Biskuitboden
- 250 g weiche Butter
- 250 g Rohrohrzucker
- 4 Eier, verquirlt
- 175 g Mehl
- 2 TL Backpulver
- 50 g Kakaopulver
- 1–2 EL Milch

Glasur
- 350 g Bitterschokolade, in kleine Stücke gebrochen
- 120 g Butter
- 90 g Schlagsahne

Garnierung
- Schokoladenraspel
- je 2 TL Puderzucker und Kakaopulver, gemischt

So geht's

Eine Springform (20 cm Ø) leicht mit Butter einfetten und den Boden mit Backpapier auslegen. Für die Füllung die Sahne erhitzen. Die weiße Schokolade zugeben und schmelzen. Die Mischung in einer Schüssel abkühlen lassen. Abdecken und 2 Stunden im Kühlschrank fest werden lassen, anschließend mit einem Schneebesen leicht steif schlagen.

Den Backofen auf 180 °C vorheizen. Für den Boden Butter und Zucker in einer Schüssel schaumig schlagen. Nach und nach die Eier unterrühren. Mehl, Back- und Kakaopulver hinein sieben und gut vermengen. Der Teig sollte nicht zu fest sein. Falls nötig, etwas Milch zugeben. Den Teig in die Form füllen, glatt streichen und 45–50 Minuten backen, bis er fest ist und ein in den Boden gestochener Holzspieß teigfrei bleibt. Kurz in der Form ruhen lassen, dann auf einem Kuchengitter abkühlen lassen.

Die Schokolade für die Glasur im Wasserbad schmelzen. Dann mit Butter und Sahne cremig verrühren und abkühlen lassen. Den Biskuit quer in 3 Böden schneiden. Die Böden abwechselnd mit der Füllung übereinanderschichten. Oberseite und Rand mit der Glasur überziehen. Schokoladenraspeln darüberstreuen und mit Puderzucker und Kakaopulver bestäuben.

Brombeer-Schokoladen-Kuchen

Kuchen & Torten

Zutaten für 6 Personen

Teig

- 125 g Mehl, plus etwas mehr für die Arbeitsfläche
- 30 g Kakaopulver
- 60 g Puderzucker
- 1 Prise Salz
- 80 g gewürfelte Butter, plus etwas mehr zum Einfetten
- ½ Eigelb

Creme

- 300 g Schlagsahne
- 175 g Brombeergelee
- 250 g Bitterschokolade, in kleine Stücke gebrochen
- 25 g fein gewürfelte Butter

Coulis

- 650 g Brombeeren, plus etwas mehr zum Garnieren
- 1 EL Zitronensaft
- 25 g feiner Zucker
- 2 EL Crème de Cassis

So geht's

Mehl, Kakao, Puderzucker und Salz in eine Schüssel sieben. Butter und Eigelb zugeben und alles zu einem Teig verkneten. Zu einer Kugel formen, in Frischhaltefolie wickeln und mindestens 1 Stunde kühlstellen.

Den Backofen auf 180 °C vorheizen. Den Teig auf einer leicht bemehlten Arbeitsfläche ausrollen und eine rechteckige, eingefettete Tortenbodenform (30 cm x 10 cm) damit auskleiden. Den Teigboden mehrmals mit einer Gabel einstechen, mit Backpapier bedecken und mit Backbohnen beschweren. 15 Minuten blindbacken. Dann Backpapier und Bohnen entfernen und abkühlen lassen.

Für die Creme Sahne und Gelee bei geringer Hitze zum Kochen bringen. Vom Herd nehmen, Schokolade und Butter zufügen und unter Rühren schmelzen. Die Masse auf den Kuchenboden gießen und erkalten lassen.

Für den Coulis Brombeeren, Zitronensaft und Zucker pürieren und durch ein feines Sieb streichen. Crème de Cassis unterrühren. Beiseitestellen. Den Kuchen auf eine Platte heben und mit den zusätzlichen Brombeeren garnieren. Mit etwas Coulis beträufeln. Den restlichen Coulis separat dazureichen.

Warme Schokoladen-Muffins

Kuchen & Torten

Zutaten für 8 Stück

- 50 g weiche Butter
- 50 g feiner Zucker
- 1 großes Ei
- 90 g Mehl
- 1 TL Backpulver
- 1 EL Kakaopulver
- 50 g Bitterschokolade
- Puderzucker, zum Bestäuben

So geht's

Den Backofen auf 190 °C vorheizen. 8 Papierbackförmchen in die Mulden eines Muffin-Blechs legen oder 16 Papierbackförmchen in jeweils doppelter Lage auf ein Backblech setzen.

Butter, Zucker, Ei, Mehl, Backpulver und Kakaopulver in einer großen Schüssel glatt rühren.

Die Hälfte des Teiges auf die Förmchen verteilen. Mit einem Teelöffel in die Mitte jedes Muffins eine Mulde drücken. Die Schokolade in 8 etwa gleich große Stücke teilen, in jede Teigmulde ein Stück legen und mit dem restlichen Teig bedecken.

Die Muffins 20 Minuten im Ofen backen, sodass sie auf Druck noch nachgeben. Die Muffins 2–3 Minuten abkühlen lassen. Dann mit Puderzucker bestäuben und warm servieren.

Schokoladenrolle

Kuchen & Torten

Zutaten für 8 Personen

- 4 Eier, getrennt
- 120 g Rohrohrzucker
- 120 g Bitterschokolade, geschmolzen und abgekühlt
- 1 TL Instant-Kaffeepulver, in 2 EL heißem Wasser aufgelöst und abgekühlt
- Puderzucker und Kakaopulver, zum Bestäuben
- frische Himbeeren, zum Servieren

Füllung

- 250 g Schlagsahne
- 140 g weiße Schokolade, in kleine Stücke gebrochen
- 3 EL Tia Maria

So geht's

Den Backofen auf 180 °C vorheizen. Ein Backblech (25 cm x 35 cm) mit Backpapier auslegen. Eigelb und Zucker in einer Schüssel schaumig rühren. Zunächst die Schokolade, dann den Kaffee unterziehen. Das Eiweiß in einer Schüssel steif schlagen und vorsichtig unter die Schokoladenmischung ziehen. Auf dem Blech verteilen und 15–20 Minuten backen. Mit einem feuchten Handtuch abdecken und 8 Stunden oder über Nacht ruhen lassen.

Die Sahne für die Füllung erhitzen, aber nicht kochen. Die Schokolade zugeben und unter Rühren schmelzen. Den Tia Maria unterrühren. In eine Schüssel umfüllen und für mindestens 8 Stunden kalt stellen.

Anschließend die Schokoladencreme schaumig schlagen. Ein Blatt Backpapier etwas größer als den Teigboden zuschneiden und mit Puderzucker bestreuen. Den Biskuitboden auf das Papier stürzen, gut andrücken. Dann das obere Backpapier abziehen. Die Schokoladencreme auf den Biskuitboden verstreichen und den Boden von einer Schmalseite her einrollen. Die Rolle mit der Naht nach unten auf einen Servierteller legen. 2 Stunden kalt stellen, dann mit Kakaopulver bestäuben und mit Himbeeren servieren.

Schwarz-weiße Schokotorte

Kuchen & Torten

Zutaten für 6 Personen

- Butter, zum Einfetten
- 4 Eier
- 100 g feiner Zucker
- 100 g Mehl
- dunkle Schokoladenspäne, zum Garnieren

Füllung

- 300 g Schlagsahne
- 150 g Bitterschokolade, in kleine Stücke gebrochen

Glasur

- 75 g weiße Schokolade
- 1 EL Butter
- 1 EL Milch
- 4 EL Puderzucker

So geht's

Den Backofen auf 180 °C vorheizen. Eine Springform (20 cm Ø) einfetten und den Boden mit Backpapier auslegen. Eier und Zucker in eine Schüssel geben und schaumig schlagen.

Das Mehl hineinsieben und unterziehen. Den Teig in die Form geben und 35–40 Minuten backen. Leicht abkühlen lassen, dann auf ein Kuchengitter legen und auskühlen lassen.

Die Sahne für die Füllung in einem Topf unter Rühren zum Kochen bringen. Die Schokolade zugeben und unter Rühren schmelzen. Vom Herd nehmen und zum Abkühlen in eine Schüssel geben. Die Mischung mit einem Holzlöffel rühren, bis sie eindickt.

Den Kuchen horizontal halbieren. Die Böden abwechselnd mit der Schokoladenfüllung übereinanderschichten und dann auf ein Kuchengitter setzen.

Schokolade und Butter für die Glasur schmelzen und glatt rühren. Milch und Puderzucker einrühren. Einige Minuten unter ständigem Rühren abkühlen lassen.

Die Glasur über den Kuchen gießen und mit einem Palettmesser gleichmäßig verstreichen. Fest werden lassen. Dunkle Schokoladenspäne darüber verteilen und servieren.

Schokoladen-Brownie-Kuchen

Kuchen & Torten

Zutaten für 10 Personen

- 200 g Butter, plus etwas mehr zum Einfetten
- 120 g Bitterschokolade (mind. 50% Kakaoanteil), in kleine Stücke gebrochen
- 300 g Zucker
- 80 g Rohrzucker
- 4 Eier, verquirlt
- 100 g Mehl
- 5 Tropfen Vanillearoma
- 1 Prise Salz
- 90 g getrocknete Cranberrys
- 60 g geröstete Mandelblättchen, plus etwas mehr zum Dekorieren

Schokoladencreme

- 120 g Bitterschokolade (mind. 50% Kakaoanteil), in kleine Stücke gebrochen
- 2 EL Butter
- 250 g Puderzucker
- 3–4 EL Milch

So geht's

Den Backofen auf 180 °C vorheizen. 2 Springformen (18 cm Ø) mit etwas Butter einfetten und die Böden mit Backpapier auslegen.

Die Butter in einem Topf zerlassen, die Schokolade hinzufügen und die Mischung unter häufigem Rühren schmelzen lassen. Vom Herd nehmen und glatt rühren. Beide Zuckersorten unterrühren. In eine Rührschüssel umfüllen und 10 Minuten abkühlen lassen.

Nach und nach die Eier unter die abgekühlte Schokoladenmasse schlagen. Mehl, Vanillearoma und Salz hinzufügen. Cranberrys und Mandelblättchen unterrühren, dann den Teig in die Springformen füllen. 25–30 Minuten backen, bis sie bei Fingerdruck elastisch nachgeben. Zunächst in den Formen, dann auf einem Kuchengitter abkühlen lassen.

Für die Creme Schokolade und Butter in einem Topf zerlassen und glatt rühren. Nach und nach den Puderzucker unterrühren und so viel Milch hinzufügen, dass eine streichbare Masse entsteht. Ein wenig Creme auf einen Boden streichen, den zweiten Boden aufsetzen und die restliche Masse rundum verstreichen. Mit einem Palettenmesser ein schwungvolles Muster kreieren. Mit den Mandelblättchen bestreuen und die Creme vor dem Servieren fest werden lassen.

Schoko-Orangen-Kuchen

Kuchen & Torten

Zutaten für 8 Personen

- 175g Butter, plus etwas mehr zum Einfetten
- 175g feiner Zucker
- 3 Eier, verquirlt
- 175g Mehl
- 2 TL Backpulver
- 2 EL Kakaopulver
- 2 EL Milch
- 3 EL Orangensaft
- abgeriebene Schale von ½ Orange

Glasur

- 175g Puderzucker
- 2 EL Orangensaft
- etwas geschmolzene Milchschokolade

So geht's

Den Backofen auf 190 °C vorheizen. Eine Springform (20 cm Ø) leicht einfetten. Zucker und Butter in einer Schüssel schaumig rühren. Nach und nach unter Rühren die Eier zufügen. Mehl und Backpulver in die Schüssel sieben und sorgfältig unterrühren.

Die Mischung halbieren. Kakao und Milch mit einer Hälfte verrühren. Die andere Hälfte mit Orangensaft und -schale vermischen.

Die Mischungen löffelweise in die Backform füllen und mit einem Spieß verrühren, um einen Marmoreffekt zu erzielen. 25 Minuten backen, bis der Kuchen beim Andrücken leicht nachgibt. Den Kuchen in der Form leicht abkühlen lassen, auf ein Kuchengitter stürzen und ganz auskühlen lassen.

Für die Glasur den Puderzucker in eine Schüssel sieben und mit dem Orangensaft verrühren. Auf dem Kuchen verstreichen. Die geschmolzene Schokolade in einen Spritzbeutel füllen und den Kuchen mit einem dekorativen Schokoladenmuster verzieren. Vor dem Servieren die Glasur erkalten lassen.

Teufelstorte

Kuchen & Torten

Zutaten für 10–12 Personen

- 250 g Butter, plus etwas mehr zum Einfetten
- 100 g Bitterschokolade
- 250 g Mehl
- 2½ TL Backpulver
- 1 TL Speisenatron
- 400 g Muskovado-Zucker oder Rohrohrzucker
- 5 Tropfen Vanillearoma
- 3 Eier
- 125 ml Buttermilch
- 250 ml kochendes Wasser

Glasur

- 300 g feiner Zucker
- 2 Eiweiß
- 1 EL Zitronensaft
- 3 EL Orangensaft
- kandierte Orangenschale, zum Dekorieren

So geht's

Den Backofen auf 190 °C vorheizen. 2 Springformen (20 cm Ø) einfetten und die Böden zusätzlich mit Backpapier auslegen. Die Schokolade im Wasserbad schmelzen. Mehl, Backpulver und Natron in eine Schüssel sieben.

Butter und Zucker in eine zweite Schüssel geben und schaumig schlagen. Vanillearoma zugeben und unter Rühren nacheinander die Eier zufügen. Sollte die Mischung zu flüssig sein, etwas Mehl einrühren.

Die Schokolade gut unterheben, dann nach und nach die Mehlmischung, die Buttermilch und das kochende Wasser einrühren.

Den Teig in die Formen geben und glatt streichen. 30 Minuten backen, bis der Kuchen beim Andrücken leicht nachgibt. Kurz abkühlen lassen, dann aus den Formen auf ein Kuchengitter heben.

Die Zutaten für die Glasur im Wasserbad schaumig schlagen. Vom Herd nehmen und weiter kräftig schlagen, bis die Mischung abgekühlt ist.

Einen Kuchenboden mit etwas Glasur bestreichen, den zweiten darauflegen, dann den Kuchen rundum mit der restlichen Glasur überziehen. Mit Orangenschale dekorieren.

Schwarz-weiße Törtchen

Kuchen & Torten

Zutaten für 20 Stück

- 200 ml Wasser
- 100 g Butter
- 100 g feiner Zucker
- 1 EL heller Sirup
- 4 EL Milch
- 5 Tropfen Vanillearoma
- 1 TL Speisenatron
- 250 g Mehl
- 2 EL Kakaopulver

Glasur

- 50 g Bitterschokolade
- 4 EL Wasser
- 50 g Butter
- 50 g weiße Schokolade
- 350 g Puderzucker

Schokospäne

- 100 g Bitterschokolade
- 100 g weiße Schokolade

So geht's

Den Backofen auf 180 °C vorheizen. Zwei Backformen für 10 Muffins mit Papierbackförmchen auskleiden.

Wasser, Butter, Zucker und Sirup in einem Topf auf mittlerer Stufe unter Rühren zum Kochen bringen. Die Hitze reduzieren und alles 5 Minuten köcheln lassen. Vom Herd nehmen und abkühlen lassen.

Inzwischen Milch und Vanillearoma in eine Schüssel geben. Das Natron zugeben und unter Rühren auflösen. Mehl und Kakaopulver in eine große Schüssel sieben und die Sirupmischung zugießen. Die Milch zugeben und alles glatt rühren. Die Förmchen zu zwei Dritteln mit dem Teig füllen. Die Muffins 20 Minuten backen, bis sie sich fest anfühlen. Aus dem Ofen nehmen und 2 Minuten ruhen lassen. Die Muffins aus der Backform nehmen und auf einem Kuchengitter vollständig abkühlen lassen.

Für die Glasur die Bitterschokolade zerkleinern und im Wasserbad mit der Hälfte des Wassers und der Butter schmelzen. Den Vorgang mit der weißen Schokolade, dem restlichen Wasser und der restlichen Butter wiederholen. Den Puderzucker auf beide Schüsseln verteilen und alles jeweils zu einer streichfähigen Masse verrühren. Die Glasur auf die Törtchen streichen. Mit einem Gemüsehobel Späne von beiden Schokoladensorten hobeln und die Törtchen garnieren.

Schoko-Trüffeltorte

Kuchen & Torten

Zutaten für 10 Personen

- Butter, zum Einfetten
- 50 g Rohrohrzucker
- 2 Eier
- 25 g Mehl
- 25 g Kakaopulver, plus etwas mehr zum Bestäuben
- 50 ml kalter starker Kaffee
- 2 EL Weinbrand

Belag

- 600 g Schlagsahne
- 425 g Bitterschokolade, geschmolzen und abgekühlt
- Puderzucker, zum Bestäuben

So geht's

Den Backofen auf 220 °C vorheizen. Eine Springform (23 cm Ø) mit Butter einfetten und den Boden mit Backpapier auslegen. Zucker und Eier im Wasserbad schaumig schlagen. Mehl und Kakaopulver darübersieben und vorsichtig unter die Mischung ziehen. In die Form geben und 10 Minuten backen, bis der Boden aufgegangen und fest ist.

Den Boden herausnehmen und zum Abkühlen auf ein Kuchengitter stürzen. Die Form auswaschen, abtrocknen und den Kuchenboden wieder hineingeben. Kaffee und Weinbrand mischen und den Boden damit beträufeln. Die Sahne für den Belag in einer Schüssel leicht schlagen. Vorsichtig die Schokolade unterziehen. Die Mischung über den Boden gießen. 4–5 Stunden im Kühlschrank fest werden lassen.

Die Torte mit Kakaopulver bestäuben und behutsam aus der Form lösen. Ein Stück Backpapier in Streifen schneiden, diese über die Torte legen und mit Puderzucker bestäuben. Die Torte mit einem nassen Messer in Stücke schneiden und servieren.

Familien-Schokokuchen

Kuchen & Torten

Zutaten für 8 Personen

- 125 g Butter, plus etwas mehr zum Einfetten
- 2 Eier
- 125 g feiner Zucker
- 1 EL heller Zuckerrüben-sirup
- 125 g Mehl, gesiebt
- 1½ TL Backpulver
- 2 EL Kakaopulver, gesiebt

Füllung und Belag

- 50 g Puderzucker, gesiebt
- 25 g Butter
- 100 g Milchkuvertüre
- weiße Schokolade, geschmolzen, zum Dekorieren

So geht's

Den Backofen auf 190 °C vorheizen. 2 Springformen (20 cm Ø) leicht einfetten und den Boden mit Backpapier auslegen.

Butter, Eier, Zucker und Sirup in einer Schüssel schaumig rühren. Mehl, Backpulver und Kakaopulver hineinsieben und gut vermengen. Den Teig auf die beiden Springformen verteilen und glatt streichen. 20 Minuten backen, bis der Kuchen beim Andrücken leicht nachgibt. Leicht abkühlen lassen, auf ein Kuchengitter stürzen und ganz auskühlen lassen.

Für die Füllung Puderzucker und Butter zu einer weichen, schaumigen Masse schlagen. Die Kuvertüre im Wasserbad schmelzen und die Hälfte mit der Zuckermasse verrühren. Einen Boden damit bestreichen, den anderen darauflegen.

Den Kuchen mit der restlichen Kuvertüre überziehen. Etwas weiße Schokolade spiralförmig darübergießen und mit einem Holzspieß ein Marmordekor ziehen. Erkalten lassen und servieren.

Mokkamuffins mit Schlagsahne

Kuchen & Torten

Zutaten für 20 Stück

- 2 EL Instant-Espressopulver
- 75 g Butter
- 100 g feiner Zucker
- 1 EL flüssiger Honig
- 250 ml Wasser
- 250 g Mehl
- 2 EL Kakaopulver
- 1 TL Speisenatron
- 3 EL Milch
- 1 großes Ei, leicht verquirlt

Belag

- 250 g Schlagsahne
- Kakaopulver, zum Bestäuben

So geht's

Den Backofen auf 180 °C vorheizen. 20 Papierbackförmchen in die Mulden zweier Muffin-Bleche legen oder 40 Papierbackförmchen in jeweils doppelter Lage auf 2 Backbleche setzen.

Kaffee, Butter, Zucker, Honig und Wasser in einem Topf erhitzen und rühren, bis der Zucker sich aufgelöst hat. Zum Kochen bringen, dann die Hitze reduzieren und 5 Minuten köcheln lassen. In eine große Schüssel geben und abkühlen lassen.

Mehl und Kakaopulver darübersieben. Das Natron in der Milch auflösen, dann mit dem verquirlten Ei in die Teigmischung geben und alles glatt rühren. Den Teig in die Papierbackförmchen füllen.

15–20 Minuten backen, bis die Muffins sich fest anfühlen. Auf einem Kuchengitter abkühlen lassen.

Die Schlagsahne in einer Schüssel steif schlagen. Kurz vor dem Servieren je 1 Esslöffel Schlagsahne auf die Muffins geben und mit Kakaopulver bestäuben. Die Muffins bis zum Servieren kalt stellen.

Schoko-Mandel-Torte

Kuchen & Torten

Zutaten für 10 Personen

- 175 g weiche Butter, plus etwas mehr zum Einfetten
- 250 g Bitterschokolade, in Stücke gebrochen
- 3 EL Wasser
- 150 g Rohrohrzucker
- 30 g gemahlene Mandeln
- 3 EL Mehl
- 1 Msp. Backpulver
- 5 Eier, getrennt
- 100 g blanchierte Mandeln, fein gehackt
- Puderzucker, zum Bestäuben
- gemischte Früchte und steif geschlagene Sahne, zum Servieren (nach Belieben)

So geht's

Den Backofen auf 180 °C vorheizen. Eine Springform (24 cm Ø) leicht einfetten. Die Schokolade mit dem Wasser in einen Topf geben und bei sehr schwacher Hitze unter ständigem Rühren schmelzen. Den Zucker zugeben und weiterrühren, bis er aufgelöst ist. Dann den Topf vom Herd nehmen.

Die Butter in kleinen Portionen zugeben und in der noch warmen Schokolade schmelzen. Dann Mandeln, Mehl und Backpulver einrühren. Nach und nach das Eigelb zugeben und gründlich unterrühren.

Das Eiweiß steif schlagen und vorsichtig unter die Schokoladenmasse heben. Die gehackten Mandeln einrühren. Dann die Masse in die vorbereitete Form geben und glatt streichen.

Den Teig 40–45 Minuten backen, bis er aufgegangen und fest ist (der Teig platzt beim Backen oben auf).

Den fertigen Kuchen 30–40 Minuten in der Form abkühlen lassen, dann zum Auskühlen auf ein Kuchengitter stellen. Mit Puderzucker bestäuben, in Stücke schneiden und nach Belieben mit Sahne und Obst servieren.

Plätzchen, Riegel & Blechgebäck

Schokoträume

Plätzchen, Riegel & Blechgebäck

Zutaten für 24 Stück

- 75g Butter, plus etwas mehr zum Einfetten
- 350 g Bitterschokolade
- 1 TL starker Kaffee
- 2 Eier
- 150 g Rohrohrzucker
- 250 g Mehl
- ¼ TL Backpulver
- 1 Prise Salz
- 10 Tropfen Bittermandelaroma
- 50 g Paranüsse, gehackt
- 50 g Haselnüsse, gehackt
- 40 g weiße Schokolade

So geht's

Den Backofen auf 180 °C vorheizen. Ein Backblech leicht einfetten. 220 g Bitterschokolade und die Butter mit dem Kaffee im Wasserbad unter Rühren schmelzen. Dann kurz abkühlen lassen.

Eier und Zucker in einer Schüssel schaumig schlagen. Die Schokolademasse glatt rühren und nach und nach unter die Eimasse heben.

Mehl, Backpulver und Salz in die Schüssel sieben und unterheben. 80 g Bitterschokolade klein hacken und mit dem Bittermandelaroma und den Nüssen unter den Teig ziehen.

Den Teig in 24 esslöffelgroßen Häufchen auf das Backblech setzen und im Backofen etwa 15 Minuten backen. Kurz auf den Blechen abkühlen lassen, dann zum Auskühlen auf Kuchengitter setzen.

Für die Dekoration die weiße und die restliche Bitterschokolade separat schmelzen, in Papierspritztüten füllen und abwechselnd in feinen Linien über die Plätzchen spritzen.

Schokoladen-Cantuccini

Plätzchen, Riegel & Blechgebäck

Zutaten für 24 Stück

- 2 EL Butter, plus etwas mehr zum Einfetten
- 175 g Bitterschokolade, in kleine Stücke gebrochen
- 300 g Mehl, plus etwas mehr zum Bestäuben
- 2½ TL Backpulver
- 100 g feiner Zucker
- 50 g Maismehl
- abgeriebene Zitronenschale
- 2 TL Amaretto
- 1 Ei, leicht verquirlt
- 100 g Pistazien, grob gehackt
- 2 EL Puderzucker, zum Bestäuben

So geht's

Den Backofen auf 160 °C vorheizen. Ein Backblech mit etwas Butter einfetten. Schokolade und Butter im Wasserbad schmelzen. Glatt rühren, vom Herd nehmen und leicht abkühlen lassen.

Mehl und Backpulver in eine Schüssel sieben, Zucker, Maismehl, Zitronenschale, Amaretto, Ei und Pistazien zugeben und vermischen. Die geschmolzene Schokolade unterziehen und zu einem Teig verkneten.

Die Hände mit etwas Mehl bestäuben und den Teig halbieren. Jede Hälfte zu einer 28 cm langen Rolle formen. Die Rollen auf das Backblech legen und mit den Händen flach drücken, sodass sie etwa 2 cm breit sind. Im Ofen 20 Minuten backen, bis die Rollen fest sind.

Aus dem Ofen nehmen und abkühlen lassen. Die Rollen auf ein Schneidebrett legen und diagonal in dünne Scheiben schneiden. Die Scheiben auf das Backblech legen und für weitere 10 Minuten knusprig backen. Aus dem Ofen nehmen und auf einem Kuchengitter abkühlen lassen. Leicht mit Puderzucker bestäuben und servieren.

Schwarz-Weiß-Gebäck

Plätzchen, Riegel & Blechgebäck

Zutaten für 4 Stück

- 175 g weiche Butter, plus etwas mehr zum Einfetten
- 80 g Puderzucker
- 5 Tropfen Vanillearoma oder abgeriebene Schale von ½ Orange
- 250 g Mehl
- 25 g Bitterschokolade
- etwas Eiweiß, verquirlt

So geht's

Ein Backblech leicht einfetten. Butter und Puderzucker in einer Schüssel schaumig rühren. Vanillearoma oder Orangenschale unterrühren. Nach und nach das Mehl hineinsieben und zu einem glatten Teig verarbeiten.

Die Schokolade schmelzen, den Teig halbieren und die Schokolade in eine Hälfte des Teigs einarbeiten. Beide Teighälften abdecken und 30 Minuten kalt stellen.

Den Backofen auf 180 °C vorheizen. Beide Teighälften jeweils 3 cm dick ausrollen und rechteckige Scheiben (8 cm x 20 cm) formen. Ein Teigstück mit Eiweiß bepinseln und das andere darauflegen.

Den Teigblock längs halbieren und die eine Hälfte umdrehen. Die Seite einer Hälfte mit Eiweiß bestreichen und den Block zu einem Schachbrettmuster zusammensetzen.

Den Block in dünne Scheiben schneiden und diese mit ausreichendem Abstand auf das Backblech setzen. 10 Minuten backen, bis die Kekse fest sind. Kurz auf dem Backblech abkühlen lassen, dann zum Auskühlen auf Kuchengitter legen.

Schwarz-weiße Cookies

Plätzchen, Riegel & Blechgebäck

Zutaten für 18–20 Stück

- 100 g Bitterschokolade, gehackt
- 120 g Mehl
- 1 TL Backpulver
- 1 Ei
- 175 g Zucker
- 50 ml Maiskeimöl, plus etwas mehr zum Einfetten
- 2–3 Tropfen Vanillearoma
- 2 EL Puderzucker
- etwa 30 dunkle Schokoladentröpfchen
- etwa 30 weiße Schokoladentröpfchen

So geht's

Die Bitterschokolade in eine hitzebeständige Schüssel geben und im Wasserbad schmelzen. Vom Herd nehmen und leicht abkühlen lassen. Mehl und Backpulver in eine Schüssel sieben.

Ei, Zucker, Öl und Vanillearoma in eine große Schüssel geben und verrühren. Die Schokolade langsam und unter Rühren zugießen und alles zu einer glatten Masse vermischen. Nach und nach das Mehl zugeben und gut vermengen. Die Schüssel mit Frischhaltefolie abdecken und für mindestens 3 Stunden in den Kühlschrank stellen.

Den Backofen auf 190 °C vorheizen. 2 Backbleche mit etwas Öl einfetten. Jeweils einen Teelöffel von der Teigmischung mit den Händen zu 5 cm langen Ovalen formen. Die Cookies vorsichtig in Puderzucker wälzen und auf die Backbleche legen; dabei Abstand lassen, da die Cookies beim Backen noch aufgehen.

Die Cookies im Backofen 15 Minuten backen, bis sie fest sind. Aus dem Ofen nehmen und auf jedes Cookie jeweils 2 dunkle und 1 weißes Schokoladentröpfchen (oder umgekehrt) setzen. Auf ein Kuchengitter legen und abkühlen lassen.

Cookies aus zwei Schokoladen

Plätzchen, Riegel & Blechgebäck

Zutaten für 24 Stück

- 200 g weiche Butter, plus etwas mehr zum Einfetten
- 200 g Rohrohrzucker
- 2–3 Tropfen Vanillearoma
- 1 großes Ei
- 250 g Mehl
- 1 Prise Salz
- 1 TL Speisenatron
- 120 g weiße Schokotröpfchen
- 120 g Bitter-Schokotröpfchen

So geht's

Den Backofen auf 180 °C vorheizen. 2 Backbleche einfetten. Butter, Zucker und Vanillearoma in einer Schüssel schaumig schlagen. Das Ei zugeben und verrühren.

Mehl, Salz und Natron in die Mischung sieben und gut vermengen. Die Schokotröpfchen unterrühren.

Den Teig teelöffelweise auf den Backblechen verteilen. 10–12 Minuten backen, bis die Cookies außen knusprig und innen saftig sind. Kurz auf den Blechen abkühlen lassen, dann zum Auskühlen auf Kuchengitter setzen.

Schoko-Orangen-Plätzchen

Plätzchen, Riegel & Blechgebäck

Zutaten für 30 Stück

- 75 g weiche Butter
- 75 g feiner Zucker
- 1 Ei
- 1 EL Milch
- 250 g Mehl, plus etwas mehr für die Arbeitsfläche
- 1 TL Backpulver
- 2 EL Kakaopulver

Glasur

- 175 g Puderzucker, gesiebt
- 3 EL Orangensaft
- 25 g Bitterschokolade, geschmolzen

So geht's

Den Backofen auf 180 °C vorheizen. 2 Backbleche mit Backpapier auslegen. Butter und Zucker in einer Schüssel schaumig rühren, dann Ei und Milch einrühren. Mehl, Back- und Kakaopulver über die Mischung sieben und alles zu einem weichen Teig verarbeiten. Den Teig zu einer Kugel formen.

Den Teig auf einer leicht bemehlten Arbeitsfläche 5 mm dick ausrollen und mit einer runden, gewellten Ausstechform Plätzchen ausstechen. Die Teigreste verkneten, erneut ausrollen und weitere Plätzchen ausstechen, bis der Teig aufgebraucht ist. Die Plätzchen mit genügend Abstand auf die Backbleche legen und im Backofen 10–12 Minuten backen, bis sie goldbraun sind.

Für die Glasur den Puderzucker in einer Schüssel mit so viel Orangensaft verrühren, dass eine zähflüssige Masse entsteht, die am Löffelrücken haften bleibt. Die Plätzchen mit der Glasur bestreichen und diese fest werden lassen. Mit der geschmolzenen Schokolade dekorative Linien über die Plätzchen ziehen. Vor dem Servieren fest werden lassen.

Nussplätzchen mit Schokolade

Plätzchen, Riegel & Blechgebäck

Zutaten für 24 Stück

- 250 g Butter, plus etwas mehr zum Einfetten
- 325 g Rohrohrzucker
- 1 Ei
- 150 g Mehl, gesiebt
- 1 TL Backpulver
- 1 TL Speisenatron
- 140 g Haferflocken
- 30 g Weizenkleie
- 30 g Weizenkeime
- 85 g gemischte Nüsse, geröstet und grob gehackt
- 75 g Bitter-Schokotröpfchen
- 50 g Rosinen und Sultaninen
- 175 g Bitterschokolade, grob gehackt

So geht's

Den Backofen auf 180 °C vorheizen. Ein Backblech mit Butter einfetten. Butter, Zucker und Ei in einer Schüssel schaumig schlagen. Mehl, Backpulver, Natron, Haferflocken, Kleie und Keime zugeben und alles zu einem Teig verarbeiten. Nüsse, Schokotröpfchen, Rosinen und Sultaninen unterheben.

Den Teig in 24 etwa esslöffelgroßen Häufchen auf das Backblech setzen und im Backofen 12–15 Minuten goldbraun backen.

Anschließend die Nussplätzchen auf einem Kuchengitter auskühlen lassen. Die Schokolade im Wasserbad schmelzen und unter Rühren leicht abkühlen lassen. Mit einem Löffel oder einer Papierspritztüte in feinen Zickzacklinien über die Plätzchen ziehen. Fest werden lassen. Die Plätzchen bis zum Servieren luftdicht verschlossen im Kühlschrank aufbewahren.

Weiße Schoko-Cookies

Plätzchen, Riegel & Blechgebäck

Zutaten für 24 Stück

- 125 g weiche Butter, plus etwas mehr zum Einfetten
- 125 g Rohrohrzucker
- 1 Ei, verquirlt
- 200 g Mehl
- 2 TL Backpulver
- 1 Prise Salz
- 125 g weiße Schokolade, grob gehackt
- 50 g Paranüsse, gehackt

So geht's

Den Backofen auf 190 °C vorheizen. Mehrere Backbleche leicht einfetten. Butter und Zucker in einer Schüssel schaumig schlagen, dann das verquirlte Ei unterrühren.

Mehl, Backpulver und Salz in die Buttermasse sieben und alles gut vermengen. Zuletzt Schokolade und Nüsse unterziehen.

Den Teig teelöffelweise in 24 Häufchen mit ausreichendem Abstand auf die Backbleche setzen. Es solltennicht mehr als 6 Cookies auf jedem Backblech sein, da der Teig beim Backen stark aufgeht.

Die Cookies im Backofen 10–12 Minuten goldbraun backen, anschließend auf einem Kuchengitter gut auskühlen lassen.

Schoko-Haferflocken-Riegel

Zutaten für 12 Stück

- 125 g Butter, plus etwas mehr zum Einfetten
- 75 g Zucker
- 1 EL heller Sirup
- 350 g Haferflocken
- 75 g Bitter-Schokoladenraspel
- 50 g Rosinen

So geht's

Den Backofen auf 180 °C vorheizen. Eine quadratische Backform (20 cm Seitenlänge) leicht einfetten.

Butter, Zucker und Sirup in einen Topf geben und unter Rühren bei schwacher Hitze erwärmen, bis Butter und Zucker geschmolzen sind.

Vom Herd nehmen und die Haferflocken einrühren. Schokoraspel und Rosinen zugeben und alles gut verrühren. Die Mischung in die Backform geben und fest andrücken.

Im Ofen 30 Minuten backen. Ein wenig abkühlen lassen, dann in Quadrate schneiden. Vorsichtig auf ein Kuchengitter heben und vor dem Servieren vollständig auskühlen lassen.

Variation

Neben Schokoraspeln und Rosinen können Sie gleichzeitig noch 50 g gehackte Belegkirschen zu den Haferflockenriegeln hinzufügen.

Plätzchen mit Schokoflocken

Plätzchen, Riegel & Blechgebäck

Zutaten für 20 Stück

- 120 g weiche Butter, plus etwas mehr zum Einfetten
- 120 g Rohrzucker
- 1 Ei
- 100 g Haferflocken
- 1 EL Milch
- 5 Tropfen Vanillearoma
- 125 g Mehl
- 1 EL Kakaopulver
- ½ TL Backpulver
- 175 g Bitterschokolade, in Stücke gebrochen
- 175 g Milchschokolade, in kleine Stücke gebrochen

So geht's

Den Backofen auf 180 °C vorheizen. 2 Backbleche einfetten. Butter und Zucker in einer Schüssel schaumig schlagen. Erst das Ei einrühren, dann Haferflocken, Milch und Vanillearoma unterziehen. Mehl, Kakao- und Backpulver hineinsieben und alles vermengen. Die Schokoladenstücke einrühren.

Den Teig teelöffelweise auf die Backbleche setzen und mit einer Gabel leicht flachdrücken. 15 Minuten backen. Kurz auf den Blechen abkühlen lassen, dann zum Auskühlen auf Kuchengitter setzen.

Schoko-Apfel-Plätzchen

Plätzchen, Riegel & Blechgebäck

Zutaten für 24 Stück

- 120 g Butter, plus etwas mehr zum Einfetten
- 120 g Apfelmus
- 2 EL Apfelsaft
- 300 g Rohrohrzucker
- 1 TL Speisenatron
- 5 Tropfen Bittermandelaroma
- 50 ml kochendes Wasser
- 125 g Haferflocken
- 280 g Mehl
- 1 Prise Salz
- 60 g Bitter-Schokotröpfchen

So geht's

Den Backofen auf 200 °C vorheizen. Ein Backblech mit Butter einfetten. Apfelmus, Apfelsaft, Butter und Zucker in einer Schüssel schaumig rühren.

In einer zweiten Schüssel Natron und Bittermandelaroma mit dem kochenden Wasser mischen und anschließend unter die Apfelmasse rühren. Haferflocken, Mehl und Salz mischen und nach und nach unter die Apfelmasse heben. Zuletzt die Schokotröpfchen einrühren.

Den Teig in 24 etwa esslöffelgroßen Häufchen mit genügend Abstand auf das Backblech setzen und 15 Minuten backen, bis die Plätzchen goldbraun sind. Kurz auf den Blechen abkühlen lassen, dann zum Auskühlen auf Kuchengitter setzen.

Spritzgebäck mit Schokolade

Plätzchen, Riegel & Blechgebäck

Zutaten für 16 Stück

- 120 g Butter, plus etwas mehr zum Einfetten
- 2 EL feiner Zucker
- 2–3 Tropfen Vanillearoma
- 150 g Mehl
- 1½ TL Backpulver
- 100 g Bitterschokolade (mind. 50% Kakaoanteil), in Stücke gebrochen

So geht's

Den Backofen auf 160 °C vorheizen und 2 Backbleche leicht mit Butter einfetten.

Butter, Zucker und Vanillearoma in einer Schüssel cremig rühren. Mehl und Backpulver darübersieben und einarbeiten, bis ein recht fester Teig entsteht.

Den Teig in einen Spritzbeutel mit großer Sterntülle füllen und etwa 16 Teigstreifen von 6 cm Länge auf die vorbereiteten Backbleche spritzen.

Im vorgeheizten Ofen 10–15 Minuten goldgelb backen. 2–3 Minuten auf den Blechen abkühlen lassen, dann vorsichtig auf ein Kuchengitter legen und vollständig auskühlen lassen.

Die Schokolade in eine hitzebeständige Schüssel geben, auf einen Topf mit leicht köchelndem Wasser setzen und unter Rühren schmelzen. Vom Herd nehmen. Die Keksenden in die Schokolade tauchen, auf Backpapier legen und fest werden lassen.

Aprikosen-Schoko-Plätzchen

Zutaten für 12–14 Stück

- 90 g weiche Butter, plus etwas mehr zum Einfetten
- 25 g Rohrohrzucker
- 60 g Rohrzucker
- 2–3 Tropfen Vanillearoma
- 1 Ei, verquirlt
- 175 g Mehl
- 2 TL Backpulver
- 120 g Bitterschokolade, grob gehackt
- 120 g getrocknete Aprikosen, grob gehackt

So geht's

Den Backofen auf 180 °C vorheizen. 2 Backbleche einfetten. Butter, Rohrohrzucker, Rohrzucker und Vanillearoma in einer Schüssel schaumig schlagen. Das Ei einrühren.

Mehl und Backpulver über die Mischung sieben und unterziehen, dann Schokolade und Aprikosen zufügen und alles vermengen.

Den Teig esslöffelweise in größerem Abstand auf die Backbleche verteilen. 13–15 Minuten backen, bis die Plätzchen außen knusprig und innen noch weich sind. Kurz auf den Blechen abkühlen lassen, dann zum Auskühlen auf Kuchengitter setzen.

Weihnachtsplätzchen

Plätzchen, Riegel & Blechgebäck

Zutaten für 60 Stück

- 3 Eier
- 200 g Rohrohrzucker
- 60 g Mehl
- 2 TL Kakaopulver
- 1 TL Zimt
- ½ TL gemahlener Kardamom
- ¼ TL gemahlene Gewürznelken
- ¼ TL gemahlene Muskatnuss
- 175 g gemahlene Mandeln
- 60 g kandierte Früchte, fein gehackt

Garnierung

- 120 g Bitterschokolade, geschmolzen und abgekühlt
- 120 g weiße Schokolade, geschmolzen und abgekühlt
- Kandiszucker (nach Belieben)

So geht's

Den Backofen auf 160 °C vorheizen. Mehrere Backbleche mit Backpapier auslegen. Eier und Zucker im Wasserbad schaumig rühren. Die Schüssel vom Topf nehmen und weitere 2 Minuten schlagen.

Mehl, Kakaopulver, Zimt, Kardamom, Nelkenpulver und Muskat hineinsieben, dann Mandeln und Früchte unterziehen. Den Teig teelöffelweise auf den Backblechen verteilen und leicht verstreichen.

Die Plätzchen 15–20 Minuten backen, bis sie hellbraun sind. Kurz auf den Blechen abkühlen lassen, dann auf Kuchengittern ganz auskühlen lassen. Die Hälfte der Plätzchen in die Bitterschokolade und die andere Hälfte in die weiße Schokolade tauchen. Nach Belieben mit Kandis bestreuen, fest werden lassen und servieren.

Brownies mit Cremefüllung

Zutaten für 16 Stück

- 100 g Butter, plus etwas mehr zum Einfetten
- 200 g Frischkäse
- 3 Tropfen Vanillearoma
- 250 g feiner Zucker
- 2 Eier
- 3 EL Kakaopulver
- 100 g Mehl, gesiebt
- 1 TL Backpulver
- 50 g Pekannüsse, gehackt
- Pekannüsse, zum Garnieren (nach Belieben)

Glasur

- 50 g Butter
- 1 EL Milch
- 100 g Puderzucker
- 2 EL Kakaopulver

So geht's

Den Backofen auf 180 °C vorheizen. Eine flache quadratische Backform mit 20 cm Seitenlänge leicht einfetten und den Boden mit Backpapier auslegen. Frischkäse, Vanillearoma und 25 g Zucker glatt rühren und beiseitestellen.

Die Eier mit dem restlichen Zucker in einer Schüssel schaumig schlagen. Butter und Kakaopulver unter ständigem Rühren im Wasserbad erhitzen und die Mischung unter die Eimasse heben, dann Mehl, Backpulver und Nüsse zugeben und gut vermengen.

Die Hälfte des Teigs in die Backform geben und glatt streichen. Die Frischkäsemischung vorsichtig darauf verteilen, dann den restlichen Teig darübergeben. 40–45 Minuten backen. In der Form abkühlen lassen.

Für die Glasur Butter und Milch erhitzen und mit Puderzucker und Kakaopulver glatt rühren. Den Kuchen mit der Glasur überziehen und nach Belieben mit Pekannüssen dekorieren. Zum Servieren in 16 kleine Quadrate schneiden.

Tiffin

Plätzchen, Riegel & Blechgebäck

Zutaten für 12 Stück

- 50 g Butter, plus etwas mehr zum Einfetten
- 50 g Rosinen
- 2 EL Weinbrand
- 120 g Bitterschokolade, in Stücke gebrochen
- 120 g Milchschokolade, in Stücke gebrochen
- 2 EL Zuckersirup
- 175 g Kekse mit Schokoladenstücken, zerdrückt
- 50 g Mandelblättchen, leicht geröstet
- 25 g kandierte Kirschen, gehackt

Glasur

- 100 g Bitterschokolade, in Stücke gebrochen
- 20 g Butter

So geht's

Eine flache quadratische Backform mit 18 cm Seitenlänge gut einfetten und den Boden mit Backpapier auslegen. Die Rosinen mit dem Weinbrand in eine Schüssel geben und 30 Minuten ziehen lassen. Schokolade, Butter und Sirup in einem Topf sanft erhitzen, bis die Schokolade geschmolzen ist.

Kekse, Mandeln, Kirschen, Rosinen und Weinbrand unter die Schokoladenmischung rühren. Den Teig in die Form geben und abkühlen lassen. Abdecken und 1 Stunde kalt stellen.

Für die Glasur Schokolade und Butter im Wasserbad schmelzen. Glatt rühren und den Kuchen damit überziehen. 8 Stunden oder über Nacht in den Kühlschrank stellen. Zum Servieren in Riegel oder Quadrate schneiden.

Kaffeeschnitten

Plätzchen, Riegel & Blechgebäck

Zutaten für 15 Stück

- 250 g weiche Butter, plus etwas mehr zum Einfetten
- 250 g Mehl
- 3 TL Backpulver
- 1 TL Kakaopulver, plus etwas mehr zum Bestäuben
- 250 g Rohrohrzucker
- 4 Eier, verquirlt
- 3 EL Instant-Kaffeepulver, in 2 EL heißem Wasser aufgelöst
- **Glasur**
- 120 g weiße Schokolade, in Stücke gebrochen
- 50 g weiche Butter
- 3 EL Milch
- 175 g Puderzucker

So geht's

Den Backofen auf 180 °C vorheizen. Eine flache quadratische Backform mit 20 cm Seitenlänge einfetten und den Boden mit Backpapier auslegen. Mehl, Back- und Kakaopulver in eine Schüssel sieben. Butter, Zucker, Eier und Kaffee zugeben und zu einem Teig vermengen. In die Form geben und glatt streichen.

Etwa 35–40 Minuten backen. Auf ein Kuchengitter stürzen, das Backpapier abziehen und auskühlen lassen.

Für die Glasur die Schokoladen, Butter und Milch im Wasserbad unter Rühren schmelzen lassen. Vom Herd nehmen, den Puderzucker zugeben und so lange rühren, bis der Zucker sich aufgelöst hat. Die Glasur über dem Kuchen verteilen und mit Kakaopulver bestäuben. Sobald die Glasur etwas fest geworden ist, den Kuchen in Quadrate schneiden und servieren.

Schoko-Karamell-Schnitten

Plätzchen, Riegel & Blechgebäck

Zutaten für 12 Stück

- 120 g Butter, plus etwas mehr zum Einfetten
- 175 g Mehl
- 60 g Rohrohrzucker
- 200 g Bitterschokolade, in kleine Stücke gebrochen

Karamell

- 175 g Butter
- 120 g Rohrohrzucker
- 3 EL Zuckerrübensirup
- 400 g Kondensmilch

So geht's

Den Backofen auf 180 °C vorheizen. Eine flache quadratische Backform einfetten und den Boden mit Backpapier auslegen. Butter, Mehl und Zucker so lange verrühren, bis der Teig bindet. In die Form geben und glatt streichen. 20–25 Minuten backen, bis der Kuchen goldgelb ist.

Für den Karamell Butter, Zucker, Sirup und Kondensmilch in einem Topf sanft erhitzen, bis der Zucker aufgelöst ist. Aufkochen, die Hitze reduzieren und unter Rühren 6–8 Minuten einkochen, bis der Karamell zähflüssig ist. Über den Kuchen gießen und 2 Stunden im Kühlschrank fest werden lassen.

Die Schokolade im Wasserbad schmelzen und etwas abkühlen lassen. Dann auf dem Karamell verstreichen. 2 Stunden im Kühlschrank fest werden lassen. Mit einem scharfen Messer in 12 Stücke schneiden und servieren.

Mokkabrownies

Zutaten für 16 Stück

- 50 g Butter, plus etwas mehr zum Einfetten
- 120 g Bitterschokolade, in Stücke gebrochen
- 175 g Rohrohrzucker
- 2 Eier
- 1 EL Instant-Kaffeepulver, in 1 EL heißem Wasser aufgelöst
- 90 g Mehl
- ½ TL Backpulver
- 1 Prise Salz
- 50 g Pekannüsse, gehackt

So geht's

Den Backofen auf 180 °C vorheizen. Eine flache quadratische Backform mit 20 cm Seitenlänge einfetten. Schokolade und Butter unter Rühren im Wasserbad schmelzen. Glatt rühren und abkühlen lassen.

Zucker und Eier schaumig schlagen. Schokoladenmischung und Kaffee unterrühren. Mehl, Backpulver und Salz in die Mischung sieben und alles vermengen. Die Pekannüsse einrühren. Den Teig in die Form geben und glatt streichen. 20–25 Minuten backen. In der Form abkühlen lassen. In Quadrate schneiden und servieren.

Pralinen & Konfekt

Schokoladenwürfel

Zutaten für 25 Stück

- 75 g Butter, plus etwas mehr zum Einfetten
- 500 g Bitterschokolade, in kleine Stücke gebrochen
- 400 g Kondensmilch
- 3 Tropfen Vanillearoma

So geht's

Eine Kastenform (1 l) leicht einfetten und den Boden mit Backpapier auslegen. Die Schokolade mit der Butter und der Kondensmilch in einen Topf geben.

Unter Rühren erwärmen, bis alle Zutaten geschmolzen sind. Nicht kochen. Vom Herd nehmen, das Vanillearoma zugeben und weiterrühren, bis eine dickflüssige Masse entstanden ist. In die Kastenform gießen und glatt streichen.

In den Kühlschrank stellen, bis die Masse fest geworden ist. Die Schokoladenmasse aus der Form stürzen und in etwa 25 mundgerechte Würfel schneiden.

Weiße Trüffeln

Pralinen & Konfekt

Zutaten für 12 Stück

- 25 g Butter
- 75 g Schlagsahne
- 250 g hochwertige weiße Schokolade, in kleine Stücke gebrochen
- 1 EL Orangenlikör (nach Belieben)
- 100 g weiße Schokolade, zum Überziehen

So geht's

Eine sehr flache Backform mit Backpapier auslegen. Butter und Sahne in einem kleinen Topf unter Rühren vorsichtig aufkochen. 1 Minute kochen, dann vom Herd nehmen.

Die Schokolade zugeben und unter Rühren schmelzen. Nach Belieben Likör unterrühren. In die Backform füllen und 2 Stunden kalt stellen.

Kleine Stücke von der Masse abbrechen und zu Kugeln formen. Weitere 30 Minuten kalt stellen.

Für den Überzug die weiße Schokolade schmelzen. Die Kugeln eintauchen, überschüssige Schokolade abtropfen lassen. Auf Backpapier setzen und mit den Zinken einer Gabel dekorative Muster erstellen. Hart werden lassen.

Variation

Nehmen sie statt weißer Schokolade 100 g Bitter- oder Milchschokolade, um die Trüffeln abwechslungsreich zu gestalten.

Mokka-Nuss-Fudge

Pralinen & Konfekt

Zutaten für 80 Stück

- 250 g Butter, plus etwas mehr zum Einfetten
- 300 ml Milch
- 1 kg Rohrohrzucker
- 2 EL Instant-Kaffeepulver
- 2 EL Kakaopulver
- 2 EL Zuckerrübensirup
- 400 g Kondensmilch
- 120 g geschälte Pekannüsse, gehackt

So geht's

Ein Blech (30 cm x 23 cm) einfetten. Milch, Zucker und Butter in einem großen Topf bei schwacher Hitze verrühren, bis der Zucker aufgelöst ist. Kaffee, Kakaopulver, Sirup und Kondensmilch einrühren.

Aufkochen und unter ständigem Rühren 10 Minuten kochen, bis eine Temperatur von 115 °C erreicht ist oder eine kleine Probe der Mischung in kaltem Wasser eine Kugel bildet.

5 Minuten abkühlen lassen, dann kräftig mit einem Holzlöffel durchrühren, bis die Mischung eindickt. Die Nüsse unterrühren. So lange weiterrühren, bis die Mischung eine karamellartige Konsistenz annimmt. Rasch auf das Blech gießen und an einem kühlen Ort fest werden lassen. Den Fudge zum Servieren in etwa 80 kleine Quadrate schneiden.

Sahnelikör-Trüffeln

Pralinen & Konfekt

Zutaten für 24 Stück

- 150 g Schlagsahne
- 250 g Bitterschokolade, in kleine Stücke gebrochen
- 25 g Butter
- 3 EL Sahnelikör

Überzug

- 120 g weiße Schokolade, in kleine Stücke gebrochen
- 120 g Bitterschokolade, in kleine Stücke gebrochen

So geht's

Die Sahne in einem Topf bei schwacher Hitze erwärmen, aber nicht kochen. Vom Herd nehmen. Schokolade und Butter einrühren. 2 Minuten ruhen lassen, dann glatt rühren. Den Likör einrühren. Die Mischung zum Abkühlen in eine Schüssel geben. Abdecken und 8 Stunden oder über Nacht im Kühlschrank fest werden lassen.

Ein Backblech mit Backpapier auslegen. Die Trüffelmischung zu kleinen Kugeln rollen. Die Kugeln auf das Backblech legen und für 2–4 Stunden in den Kühlschrank stellen.

Für den Überzug die weiße und Bitterschokolade separat schmelzen und abkühlen lassen. Die Hälfte der Trüffelkugeln in die weiße Schokolade tauchen. Auf Backpapier fest werden lassen. Die restlichen Trüffeln in die Bitterschokolade tauchen. Lagern Sie die Trüffeln einzeln zwischen Backpapier.

Schokoladenhörnchen

Pralinen & Konfekt

Zutaten für 10 Stück

- 75 g Bitterschokolade
- 100 g Schlagsahne
- 1 EL Puderzucker
- 1 EL Pfefferminzlikör
- Kaffeebohnen mit Schokoladenüberzug, zum Garnieren (nach Belieben)

So geht's

Aus Backpapier 10 Kreise (etwa 8 cm Ø) ausschneiden. Aus jedem Kreis ein Hörnchen formen und mit Klebestreifen befestigen.

Die Schokolade schmelzen. Mit einem kleinen Pinsel jedes Hörnchen von innen mit Schokolade einpinseln. Fest werden lassen. Die Hörnchen erneut von innen mit Schokolade einpinseln und 2 Stunden im Kühlschrank kalt stellen. Dann vorsichtig das Papier entfernen.

Sahne, Puderzucker und Pfefferminzlikör in eine Schüssel geben und steif schlagen. Die Sahne in einen Spritzbeutel mit Sterntülle füllen und in die Schokoladenhörnchen spritzen.

Die Hörnchen nach Belieben mit Kaffeebohnen garnieren und bis zum Verzehr kalt stellen.

Schokoladen-Mascarpone-Konfekt

Pralinen & Konfekt

Zutaten für 20 Stück

- 100 g Bitterschokolade, geschmolzen

Füllung

- 100 g Milch- oder Bitterschokolade
- 200 g Mascarpone
- 3 Tropfen Vanillearoma
- Kakaopulver, zum Bestäuben

So geht's

Ein Backblech mit Backpapier auslegen. 20 Pralinenförmchen mit je 1 Teelöffel Schokolade füllen. Die Schokolade sorgfältig verstreichen, um die Seiten auszukleiden. Kopfüber auf das Backblech stellen und vollständig hart werden lassen.

Wenn die Schokolade fest geworden ist, vorsichtig die Papierformen abziehen. Für die Füllung die Schokolade im Wasserbad schmelzen. Mascarpone und Vanillearoma in eine Schüssel geben. Die Schokolade zugießen und gründlich verrühren. Unter Rühren abkühlen lassen, bis die Mischung dick genug ist, um sie in einen Spritzbeutel füllen zu können.

Die Füllung in einen Spritzbeutel mit Sterntülle geben und die Schokoladenformen damit füllen. Zum Servieren mit Kakaopulver bestäuben.

Ingwer-Schokoladen-Karamell

Pralinen & Konfekt

Zutaten für 50 Stück

- 125 g Butter, plus etwas mehr zum Einfetten
- 6 Ingwerpflaumen, plus etwas mehr zum Garnieren
- 300 ml Milch
- 150 g Bitterschokolade, in kleine Stücke gebrochen
- 500 g Zucker

So geht's

Ein flaches Backblech (20 cm x 15 cm) mit etwas Butter einfetten. Den Ingwer abtropfen lassen, mit Küchenpapier trocken tupfen und fein hacken.

Milch, Schokolade, Butter und Zucker in einen großen Topf geben und bei geringer Hitze so lange rühren, bis die Schokolade geschmolzen ist und der Zucker sich aufgelöst hat.

Die Mischung zum Kochen bringen und unter gelegentlichem Rühren 10–15 Minuten köcheln. (Sobald sich eine kleine Menge der Mischung in kaltem Wasser mit den Fingern leicht zu einer weichen Kugel formen lässt, ist sie fertig.)

Den Topf vom Herd nehmen und den Ingwer einrühren. 5 Minuten abkühlen lassen, dann die Mischung mit einem Holzlöffel rühren, bis sie andickt und cremig wird.

Die Mischung sofort auf das Backblech geben und glatt streichen. Mit einem Messer kleine Quadrate anritzen und abkühlen lassen. Mit einem scharfen Messer die angeritzten Quadrate herausschneiden. Auf einer Platte anrichten und mit etwas Ingwer garnieren.

Ladies' kisses

Pralinen & Konfekt

Zutaten für 20 Stück

- 140 g Butter
- 120 g feiner Zucker
- 1 Eigelb
- 120 g gemahlene Mandeln
- 175 g Mehl
- 50 g Bitterschokolade, in kleine Stücke gebrochen
- 2 EL Puderzucker
- 2 EL Kakaopulver

So geht's

Zunächst 3 Backbleche mit Backpapier auslegen. Butter und Zucker in einer Schüssel schaumig schlagen, dann das Eigelb unterrühren. Mit Mandeln und Mehl zu einem Teig vermengen, diesen zu einer Kugel formen und in Frischhaltefolie eingeschlagen 2 Stunden im Kühlschrank ruhen lassen.

Den Backofen auf 160 °C vorheizen. Den Teig aus dem Kühlschrank nehmen. Frischhaltefolie entfernen. Walnussgroße Teigstücke zwischen den Handflächen zu Kugeln formen, mit ausreichendem Abstand auf die Backbleche setzen und leicht andrücken. Im Backofen 20–25 Minuten backen, bis die Plätzchen goldbraun sind. Anschließend mit dem Backpapier auf Kuchengitter setzen und vollständig auskühlen lassen.

Die Schokolade unter Rühren im heißen Wasserbad schmelzen. Die Hälfte der Plätzchen mit der Schokolade bestreichen, die restlichen Plätzchen darauflegen. Auf ein Kuchengitter setzen und die Schokolade fest werden lassen. Puderzucker und Kakao mischen und das Gebäck damit bestäuben.

Variation

Sie können anstelle von gemahlenen Mandeln auch 120 g gemahlene Haselnüsse verwenden.

Orangentrüffeln

Pralinen & Konfekt

Zutaten für 20 Stück

- 280 g Bitterschokolade, in Stücke gebrochen
- ½ TL Maiskeimöl
- 150 g Schlagsahne
- fein abgeriebene Schale von ½ Orange
- 1 EL Orangenlikör
- **Garnierung**
- gehackte Nüsse
- dünne Orangenzesten

So geht's

20 Förmchen vorbereiten: Dazu je 2 Pralinenförmchen ineinanderstellen. 150 g Schokolade mit dem Öl in eine Schüssel geben, im Wasserbad schmelzen und glatt rühren. Die Förmchen damit ausstreichen. 1 Stunde im Kühlschrank fest werden lassen, dann eine zweite Schicht Schokolade auftragen. Eine weitere Stunde kalt stellen.

Sahne und Orangenschale in einem Topf erhitzen, aber nicht kochen. Vom Herd nehmen, die restlichen Schokoladenstücke zugeben und glatt rühren. Erneut unter Rühren kurz aufkochen lassen. Vom Herd nehmen und den Cointreau einrühren. Abkühlen lassen. Die Papierförmchen von den Schokoladenformen abziehen.

Die Schokoladencreme steif schlagen, dann in einen großen Spritzbeutel mit Sterntülle füllen. Die Creme in die Schokoladenformen spritzen. Einen Teil der Trüffeln mit gehackten Nüssen, den anderen mit Orangenzesten dekorieren. Abgedeckt im Kühlschrank aufbewahren und binnen 2–3 Tagen verbrauchen.

Cremige Schokotaler

Pralinen & Konfekt

Zutaten für 30 Stück

- 200 g Bitterschokolade, in kleine Stücke gebrochen
- 2 EL Schlagsahne
- 200 g Puderzucker
- Trinkschokoladenpulver, zum Bestäuben

So geht's

Ein Backblech mit Backpapier auslegen. 50 g Schokolade in eine hitzebeständige Schüssel geben und im Wasserbad schmelzen. Die Sahne einrühren und vom Herd nehmen.

Den Puderzucker in die geschmolzene Schokolade sieben und mit einer Gabel gut unterrühren. Die Mischung mit den Händen zu einer glatten, geschmeidigen Masse verkneten.

Die Arbeitsfläche leicht mit etwas Trinkschokoladenpulver bestäuben und die Schokoladenmasse darauf zu einer 5 mm dicken Rolle formen. Mit einem Messer 2,5 cm dicke Stücke von der Rolle schneiden.

Die Schokotaler auf das Backblech legen und mindestens 12 Stunden oder über Nacht fest werden lassen.

Ein weiteres Backblech mit Backpapier auslegen. Die restliche Schokolade im Wasserbad schmelzen. Die Schokotaler mithilfe von 2 Gabeln in die Schokolade tauchen und auf das Backblech legen. Fest werden lassen und servieren.

Likörpralinen

Pralinen & Konfekt

Zutaten für 20 Stück

- 100 g Bitterschokolade
- 5 kandierte Kirschen, halbiert
- 10 Macadamia- oder Haselnüsse
- 150 g Schlagsahne
- 25 g Puderzucker
- 4 EL Likör, nach Wahl

Garnierung

- 50 g Bitterschokolade, geschmolzen
- weiße Schokoladenspäne, Nüsse oder kandierte Kirschen (nach Belieben)
- etwas weiße Schokolade, geschmolzen

So geht's

Ein Backblech mit Backpapier auslegen. Die Schokolade schmelzen und 20 Pralinenförmchen mit je 1 Teelöffel Schokolade füllen. Dabei die Schokolade mit einem Löffel oder Pinsel rundum verstreichen, um die Seiten gut auszukleiden. Kopfüber auf das Backblech stellen und fest werden lassen.

Die Papierförmchen vorsichtig abziehen. Je 1 Kirschhälfte oder 1 Nuss in die Schokoladenform legen.

Für die Likörfüllung die Sahne mit dem Puderzucker steif schlagen und den Likör unterheben.

Die Sahnemasse in einen Spritzbeutel mit Lochtülle füllen und in die Schokoladenformen spritzen. 20 Minuten in den Kühlschrank stellen.

Für die Garnierung die flüssige Bitterschokolade über die Sahnefüllung löffeln, bis diese ganz bedeckt ist. Nach Geschmack mit Spänen aus weißer Schokolade, Nüssen oder kandierten Kirschen dekorieren oder geschmolzene weiße Schokolade darüberträufeln und mit einem Holzspieß marmorieren. Vor dem Servieren fest werden lassen.

Paranuss-Schoko-Pralinen

Pralinen & Konfekt

Zutaten für 20 Stück

- Pflanzenöl, zum Einfetten
- 350 g Bitterschokolade, in Stücke gebrochen
- 90 g gehäutete Paranusskerne, gehackt
- 175 g weiße Schokolade, grob gehackt
- 175 g Fudge, grob gehackt

So geht's

Den Boden einer flachen quadratischen Backform mit 20 cm Seitenlänge mit Öl einfetten und mit Backpapier auslegen. Die Hälfte der Bitterschokolade im Wasserbad schmelzen und in der Form verstreichen.

Die Schokoladenschicht mit Paranüssen, weißer Schokolade und Fudge bestreuen. Die restliche Bitterschokolade schmelzen und darübergießen.

Fest werden lassen, dann mit der Spitze eines kräftigen Messers in unregelmäßige Stücke brechen.

Mini-Florentiner

Pralinen & Konfekt

Zutaten für 40 Stück

- 90 g Butter
- 75 g feiner Zucker
- 2 EL Rosinen, gehackt
- 2 EL kandierte Kirschen, gehackt
- 2 EL kandierter Ingwer, gehackt
- 25 g Sonnenblumenkerne
- 100 g Mandelblättchen
- 2 EL Schlagsahne
- 175 g Bitterschokolade, in kleine Stücke gebrochen

So geht's

2 Backbleche mit Backpapier auslegen. Butter und Zucker in einem kleinen Topf erhitzen und schmelzen. Vom Herd nehmen und Rosinen, Kirschen, Ingwer, Sonnenblumenkerne und Mandelblättchen einrühren. Die Schlagsahne zugeben und gut vermengen.

Den Backofen auf 180 °C vorheizen. Die Masse teelöffelweise mit genügend Abstand auf den Blechen verteilen.

Die Plätzchen etwa 10 Minuten backen, bis sie goldbraun sind. Sofort nach dem Backen die Ränder der Florentiner mit einem Messer glatt schneiden. Das Gebäck auf dem Blech fest werden lassen, dann auf einem Kuchengitter auskühlen lassen.

Die Schokolade unter Rühren im Wasserbad schmelzen und etwas abkühlen lassen.

Die Schokolade auf die Unterseite der Florentiner streichen und etwas abkühlen lassen. Ehe die Schokolade ganz fest ist, mit einer Gabel ein Wellenmuster in die Schokolade zeichnen. Fest werden lassen und servieren.

Schokoladen-Mandel-Plätzchen

Pralinen & Konfekt

Zutaten für 15 Stück

- 50 g gemahlene Mandeln
- 100 g Zucker
- 5 TL Kakaopulver
- 1 Eiweiß
- 8 blanchierte Mandeln, halbiert
- 50 g Bitterschokolade, in kleine Stücke gebrochen

So geht's

Den Backofen auf 190 °C vorheizen. Ein Backblech mit Backpapier auslegen. Mandeln, Zucker und Kakaopulver in eine Schüssel geben und vermischen. Das Eiweiß zugeben und zu einem festen Teig vermengen.

Die Mischung in einen Spritzbeutel mit breiter, glatter Tülle füllen und auf das Backblech 15 Streifen mit etwa 5 cm Länge spritzen. Auf jedes Plätzchen eine halbe Mandel drücken.

Im Ofen etwa 5 Minuten backen, bis die Plätzchen fest sind. Auf ein Kuchengitter legen und abkühlen lassen.

Die Schokolade in eine hitzebeständige Schüssel geben und im Wasserbad schmelzen. Die Plätzchen an beiden Enden in die Schokolade tauchen und auf dem Kuchengitter trocknen lassen.

Rumtrüffeln

Pralinen & Konfekt

Zutaten für 12 Stück

- 125 g Bitterschokolade, in Stücke gebrochen
- 20 g Butter
- 2 EL Rum
- 50 g Kokosraspel
- 100 g Kekse, zerdrückt
- 75 g Puderzucker
- 2 EL Kakaopulver

So geht's

Die Schokolade mit der Butter in eine Schüssel geben und im Wasserbad vorsichtig unter Rühren schmelzen.

Vom Herd nehmen und den Rum zugießen. Kokosraspel, Kekse und 50 g Puderzucker zugeben und gut vermischen. Ist die Mischung zu fest, noch ein wenig Rum zufügen.

Ein Backblech mit Backpapier auslegen. Die Masse zu kleinen Kugeln rollen. Die Kugeln auf das Backblech legen und so lange in den Kühlschrank stellen, bis sie etwas fest werden.

Den restlichen Puderzucker auf einen großen Teller sieben. Das Kakaopulver auf einen zweiten Teller sieben. Die Hälfte der Trüffeln im Puderzucker wälzen, bis sie vollständig bedeckt sind, die andere Hälfte im Kakaopulver. Die Trüffeln in Pralinenförmchen setzen und bis zum Verzehr kalt stellen.

Schokoladenbiscotti

Pralinen & Konfekt

Zutaten für 16 Stück

- Butter, zum Einfetten
- 1 Ei
- 100 g feiner Zucker
- 5 Tropfen Vanillearoma
- 125 g Mehl, plus etwas mehr für die Arbeitsfläche
- ½ TL Backpulver
- 1 TL Zimt
- 50 g Bitterschokolade, grob gehackt
- 50 g Mandelsplitter, geröstet
- 50 g Pinienkerne

So geht's

Den Backofen auf 180 °C vorheizen. Ein großes Backblech leicht einfetten. Ei, Zucker und Vanillearoma schaumig schlagen. Mehl, Backpulver und Zimt in die Eimischung sieben und vorsichtig unterheben. Zuletzt Schokolade, Mandeln und Pinienkerne einrühren.

Den Teig auf einer leicht bemehlten Arbeitsfläche zu einer flachen, etwa 24 cm langen und 2 cm breiten Rolle formen. Diese auf das vorbereitete Backblech legen. 20–25 Minuten backen, bis die Rolle goldbraun ist. Aus dem Ofen nehmen und etwa 5 Minuten abkühlen lassen.

Die Rolle auf ein Schneidebrett legen und mit einem Brotmesser schräg in etwa 1 cm dicke Scheiben schneiden. Diese erneut auf das Backblech legen und weitere 10–15 Minuten backen. Nach der Hälfte der Zeit wenden.

Die fertigen Biscotti auf dem Blech 5 Minuten abkühlen lassen, dann auf ein Rost legen und vollständig auskühlen lassen.

Nuss-Schoko-Stückchen

Pralinen & Konfekt

Zutaten für 30 Stück

- 175 g weiße Schokolade
- 100 g Vollkornkekse
- 100 g Macadamia- oder Paranüsse, gehackt
- 25 g eingelegter Ingwer, gehackt (nach Belieben)
- 175 g Bitterschokolade

So geht's

Ein Backblech mit Backpapier auslegen. Die weiße Schokolade in kleine Stücke brechen und im Wasserbad unter Rühren vorsichtig schmelzen.

Die Kekse mit dem Nudelholz zerdrücken. Kekse, Macadamia- oder Paranüsse und, falls verwendet, Ingwer unter die geschmolzene Schokolade rühren. Die Schokoladenmischung teelöffelweise auf das Backblech setzen. Im Kühlschrank fest werden lassen, dann vom Backpapier lösen.

Die Bitterschokolade schmelzen und leicht abkühlen lassen. Die Nuss-Schoko-Stückchen in die Schokolade tauchen und überschüssige Schokolade abtropfen lassen. Die Stückchen wieder auf das Blech setzen und im Kühlschrank fest werden lassen.

Aprikosen-Mandel-Hütchen

Pralinen & Konfekt

Zutaten für 24–28 Stück

- 120 g Bitterschokolade, in kleine Stücke gebrochen
- 2 EL flüssiger Honig
- 120 g getrocknete Aprikosen, gehackt
- 50 g blanchierte Mandeln, gehackt

So geht's

Schokolade und Honig im Wasserbad unter Rühren schmelzen. Aprikosen und Mandeln unterrühren.

Die Mischung teelöffelweise in Pralinenförmchen füllen und 2–4 Stunden im Kühlschrank fest werden lassen.

Schokoladenkirschen

Pralinen & Konfekt

Zutaten für 24 Stück

- 12 kandierte Kirschen
- 2 EL Rum oder Weinbrand
- 250 g Marzipanrohmasse
- 125 g Bitterschokolade, in kleine Stücke gebrochen
- etwas Milch-, Bitter- oder weiße Schokolade, geschmolzen, zum Garnieren

So geht's

Ein Backblech mit Backpapier auslegen. Die Kirschen halbieren und in eine kleine Schüssel legen. Rum oder Weinbrand zugießen und die Kirschen darin wenden. Mindestens 1 Stunde ziehen lassen, dabei gelegentlich umrühren.

Das Marzipan in 24 gleich große Stücke teilen und jedes Stück zu einer Kugel formen. Jeweils eine Kirschhälfte auf eine Marzipankugel setzen und fest andrücken.

Die Schokolade im Wasserbad unter Rühren schmelzen. Die Marzipankugeln in die Schokolade tauchen, die überschüssige Schokolade abtropfen lassen. Auf das Backblech setzen und im Kühlschrank fest werden lassen.

Die Pralinen mit geschmolzener Schokolade garnieren. Vor dem Servieren fest werden lassen.

Register

leicht gemacht

In dieser Reihe erhältlich: